我们一起解决问题

算法交易

交易系统、交易策略与执行方法

高寒 / 著

人民邮电出版社

北京

图书在版编目（CIP）数据

算法交易：交易系统、交易策略与执行方法 / 高寒著. -- 北京：人民邮电出版社，2019.4（2022.2重印）
ISBN 978-7-115-50822-5

Ⅰ. ①算… Ⅱ. ①高… Ⅲ. ①数理经济学—应用—金融学—研究 Ⅳ. ①F830

中国版本图书馆CIP数据核字（2019）第025399号

内容提要

算法交易因为综合了编程和大数据分析技术，对很多人来说显得有些高深莫测，但同时它也正在成为领先金融机构的新竞争优势。那么，普通交易者该如何理解算法交易？算法交易是如何提升整个交易系统的效率的？交易者如何才能利用算法交易给自己带来切实的利益？

本书从构成交易系统的金融产品、交易流程和架构讲起，系统介绍了算法交易策略背后的基本逻辑，算法交易的实现方法和执行技巧，算法交易下的交易成本分析，以及人机配合方面的一些原则，使无编程技术背景的人也能深刻理解算法交易在整个金融业务中的位置、价值和发挥作用的方式。

◆ 著 高 寒
  责任编辑 王飞龙 陆林颖
  责任印制 彭志环

◆ 人民邮电出版社出版发行 北京市丰台区成寿寺路11号
  邮编 100164 电子邮件 315@ptpress.com.cn
  网址 http://www.ptpress.com.cn
  北京虎彩文化传播有限公司印刷

◆ 开本：700×1000 1/16
  印张：17　　　　　　　　　　　　　　2019年4月第1版
  字数：260千字　　　　　　　　　　2022年2月北京第4次印刷

定　价：69.00元

读者服务热线：（010）81055656　印装质量热线：（010）81055316
反盗版热线：（010）81055315
广告经营许可证：京东市监广登字 20170147 号

前 言

我很幸运，从职场生涯一开始就得到许多非常难得的机会——最先在华尔街投行的自营团队历练，然后负责国家主权基金交易团队的组建，之后在交易所担任重要职位，经历了中国金融业若干个第一次，成就了若干个先例。

独特的工作经历和大起大落的市场阅历让我有幸与拥有几十年宝贵经验的金融精英们共同奋战；亲身体会行业巨头一百多年来运作的核心模式及执行手法；从参与华尔街交易到与华尔街成为交易对手；投资领域从美国市场到欧洲市场，从大洋洲市场到亚洲市场，再到聚焦中国市场——让我倍加珍惜的是，能与在市场中磨砺了几十年的金融大鳄、学术大师以及金融"工匠们"面对面地交流、并肩工作。

独乐乐不如众乐乐。在本书中，我将把我在金融行业中所见、所闻、所经历的，用最平实的文字展现在读者面前。

经济是国家的命脉，促使经济高速运转的金融产业更是国之重器。现代金融对于中国来说是个舶来品，并非土生土长，我们对其有一种天生的陌生感和神秘感。在世界金融市场中辨明自身优劣、摆正自己的位置，可以帮我们更快地熟悉这个舶来品。金融市场中的较量更像是一种博弈，在各个角落都隐藏着我们的对手。大部分对手至少要比我们早一百年来到这个战场。通过学习他们的经典案例和经验教训来洞悉这场博弈的历史由来，研究其规则及演变规律，可以帮我们打破这种神秘感，正所谓"知己知彼，百战不殆"。更重要的是，如果我们能使用好金融市场中的一柄利刃——交易，便能以一敌十，无坚不摧。

大国泱泱，何以立本？国之重器，岂能无刃？

希望本书能够帮助读者熟悉金融市场的交易系统、交易策略等相关概念，让读者了解金融交易的方法以及这柄金融利刃背后的逻辑。在书中，我将使用平实简单的文字陈述交易案例、专业概念、术语、公式和理论，力求让每位读者都能舒适地阅读。

交易帮助金融市场实现了资源分配和资源定价的职能。这些职能已然延伸到社会的每个角落，涉及每个人的利益。因此，本书不仅适合那些虽不从事金融工作但对金融尤其是交易非常感兴趣的读者，也适合刚刚踏入金融行业的新手，使他们可以系统地学习交易的相关基础知识和理论；而资深投资者、基金经理、交易员和销售人员亦可从本书中获取与自身工作相关的专业内容；金融机构的管理者与风险监控人员可以从书中了解交易的运作模式；交易市场规则和政策的制定者可以借鉴书中的监管工具及市场规范实例；而理论研究者和经济学家则可将本书作为一个参考，探究实际操作是如何佐证理论的。

目录

上篇 交易产品与交易系统

第一章　传统交易产品类型　003

    1.1　发起交易的方式　004

    1.2　高附加值交易　009

    1.3　直接市场介入和算法交易　011

    1.4　大宗交易　013

    1.5　Delta One 交易产品　014

第二章　程序交易产品和投资组合调换交易产品　018

    2.1　程序交易产品　019

    2.2　程序交易给市场和交易员带来的益处　021

    2.3　投资组合调换　024

第三章　指数型交易产品　028

    3.1　计算指数价格　029

    3.2　投资基金的由来　031

3.3 指数型交易产品　035

3.4 指数型基金　037

第四章　交易流程　043

4.1 投资交易流程　045

4.2 对交易流程的简单描述　048

4.3 交收流程　050

4.4 服务于交易的系统　053

第五章　交易系统　058

5.1 交易系统宏观架构　060

5.2 交易系统组成解析　062

5.3 对算法交易的系统支持　072

5.4 备份系统　079

5.5 对交易系统的监管　081

085 | 下篇　算法交易策略与执行方法

第六章　交易策略的历史　087

6.1 电子交易市场的历史　090

6.2 量化金融与计算金融的历史　093

6.3 算法交易的演变　099

6.4 算法的世界　103

6.5 一个算法交易的简单例子　109

目 录

第七章　算法交易策略的类别　111
7.1　算法交易解析　113
7.2　算法交易分类　119

第八章　算法交易的下单决策　136
8.1　下单技术的实现　138
8.2　算法交易估值过程　138
8.3　交易单驱动的市场中交易价格的形成过程　143
8.4　定时召集的交易定价过程　152
8.5　下单决策中的重要环节　155
8.6　影响下单决策的市场因素　162
8.7　估算执行效果　171

第九章　算法交易策略的实现与执行　174
9.1　交易单执行技巧　174
9.2　降低市场影响的执行技巧　176
9.3　平衡价格和风险的执行技巧　181
9.4　流动性驱动为主的交易执行技巧　185

第十章　算法交易策略的选择　194
10.1　选择算法交易策略的原则　195
10.2　根据交易效果选择交易策略　196
10.3　交易策略的选择方法　200
10.4　一些交易心得　206

第十一章　交易成本分析　212

11.1　交易成本分析的源起　214

11.2　一个简单而实用的分析方法　218

11.3　解析交易成本　220

11.4　交易成本分析的作用　226

11.5　交易成本分析的步骤　229

11.6　交易成本分析的基准　233

11.7　一个交易成本分析案例　238

第十二章　交易中的人与机器　245

12.1　衡量标准　248

12.2　人工智能无止境　250

12.3　人为交易的不可替代性　252

12.4　电子交易平台的优势　255

12.5　成本比较　257

12.6　人工智能在金融界的应用　259

上篇

交易产品与交易系统

第一章

传统交易产品类型

如果你想获得财富，首先，你需要知道财富集中在哪里，或者说获得财富的机会在哪里。其次，你必须知道如何参与其中。如果我们特指金融财富的话，我想世界上最主要的金融财富中心应该在纽约的曼哈顿——一座不足 60 平方千米的半岛上。世界上 7000 多家公司在这里上市融资（其中中国有 50 多家公司在此上市），几乎包含了所有的世界 500 强公司。位于这座半岛南端的华尔街最早为人们提供了参与到财富投资中来的通道。这条只有 500 米长的街道是美国资本市场和经济实力的象征。

其实通过华尔街流入世界金融市场的主要资金是各类储蓄。在美国家庭的各类资产中，平均 1/3 以上被投资于华尔街所代表的金融市场。这类资产主要通过互惠基金、养老金以及其他各类专业投资机构进入华尔街。美国股市中近 70% 的资金来自于养老金等投资机构。例如，荷兰退休金管理集团是欧洲第一大退休基金管理公司，管理着高达 2000 亿欧元的资产，其主要投资市场是以华尔街为代表的资本市场。

当这些专业投资机构的交易员将资金注入资本市场时，买方交易员与卖方交易员之间又是以何种方式进行交易的呢？面对规模巨大的买方市场，卖方机构按照交易员的习惯，遵循市场的便利性，设计出了许多交易产品：高附加值（High Touch）交易包含了一套有关交易的高质量服务，这类服务的含金量更多地体现在为客户创造赢利机会的服务商；直接市场介入交易（DMA）和算法交易（Algorithms Trading）则为有经验的买方交易员提供了更多自主管理交易的机会；大宗交易（Block Trading）增加了市场层次，丰富了交易员的交易手段，保护了大宗交易双方的投资利益。

1.1 发起交易的方式

人们在社交活动中的交流方式不是一成不变的，从面对面的交流、书信往来，到电报、电话，乃至今天的微博、微信、Facebook，全都带有那个时代科技发展的鲜明烙印。同样，交易发起的方式也在随着科学技术和生活习惯的改变而改变。人们在社会交往中逐渐习惯的交流方式，也会慢慢地影响到交易员之间的交流方式，交易员会因此养成类似的交流习惯。最初的交易模式跟农贸市场没什么两样，需要所有的交易员集中在一起，如果要在人声鼎沸的交易大厅里表明交易指令，交易员需要有相当辨识度的嗓音和夸张的肢体语言；后来，嘀嘀嗒嗒的电报、此起彼伏的电话铃声和老式打印机的噪声，使交易员不再那么集中，交易场所也安静了许多；

而今天的网络和计算机,使交易彻底不受地域限制,任何人在任何地方都可以轻松地与任何人进行交易,一桩大交易或者惊天动地的市场操作往往就发生在世界上某一个安静的、不起眼的角落里。

1.1.1 通过电话发起交易

通过电话发出交易指令或许是通信技术发展到一定阶段时普通老百姓所能接触到的最早的一种交易方式,读者在电影或电视节目里经常见到这样一个场景。

> 一个交易员甲拿起电话打给另外一个交易员乙。
> 甲:"买IBM,10万股现价。"
> 乙:"好的,确认一下,IBM,买入,现价,10万股。"
> 甲:"确认。"
> 过了一分钟,或更短,或更长,交易执行方乙回复:"交易完成。买入IBM,10万股,30美元每股。"

上面的例子描述的就是早期的一种下单和执行的交易过程,是高附加值交易的一种。基于当时的交易设备,电话是交易员们主要的交易工具。时至今日,这种方式仍然被好多机构交易员所采用。

显而易见,电话下单方便快捷。作为一种通信工具,电话配备方便且价格便宜,随处可见。作为一种交易工具,电话操作简单,最容易入手。另外,电话录音可以帮我们解决一些由于误解产生的纠纷。从信息科学角度理解,语音往往能传达出比文字信息更丰富的内容。因此,电话下单的信息最为丰富,可以表达的内容也最为清楚。

但是电话下单的劣势也同样明显。第一，要考虑人力，如果交易要最终做成，交易双方一定都要有人守在电话旁；第二，由于线路原因，电话很可能听不清，或更糟糕的是交易员听错了指令；第三，交易双方还要熟悉相关的术语和对方的语言习惯；第四，随着交易系统的演变，电话交易最大的劣势就是延迟，人与人之间进行交流，尽管只需要说短短的几句话，却比敲击键盘要慢，从速度上讲，电话交易要比电子交易系统慢一些；第五，整个交易的过程基本上是暗箱操作，操作执行方，也就是交易员乙无法把具体的交易情况和细节完全通过电话告知对方交易员甲，只有交易的发起和最后的结果是清晰可见的。

1.1.2 通过电子邮件发起交易

这也是随着电子通信工具的不断丰富而出现的一种下单形式。由于这是一种书面下单形式，书面格式尤为重要，对表述的基本要求是简单、清晰、明了。

"Buy IBM 100000 35 below"（买入100000股IBM，限价每股35美元）。

短短的一句话，却明确表述了交易指令。首先表明交易方向——买（Buy）或卖（Sell），其次是交易标的（这里是IBM），然后是交易数量（100000股），最后是交易种类（限价单、市价单等，这里35 below意为限价每股35美元）。

与电话下单相同，电子邮件作为下单工具，操作简单方便，不需要任何专业操作培训。书面留痕更是确保了内容表达清晰、准确无误。但通过电子邮件交易的延迟性比电话下单更为突出：毕竟交易员不可能时时刻刻都在检查自己的电子邮件，很可能延误了或者错过了相关邮件。邮件系统的延迟也增加了这种下单方式的不确定性。另外，交易发起方只能发出交易指令并通过电子邮件接收交易执行结果，对操作过程中的具体交易细节基本无法实时地了解到。

1.1.3 通过交互式聊天工具发起交易

聊天工具作为一种社交工具也被应用到交易过程中来。交易员看重的无非是这种工具的即时性和交流的便利性。交易员可以在聊天室里发出交易指令，并通过互动，随时了解到交易情况。交易的执行方可以在交易的过程中或者非交易时段，在聊天室里发布一些有意义的市场信息。但用这种交流工具下单的弊端也显而易见。

首先，聊天双方的身份需要事先确定，只有在双方确信对方真实身份的情况下，才能发起交易或接受交易指令；其次，如果聊天室中牵扯到多名交易员，那么谈话内容和具体交易信息的保密性和准确性就有待商榷；最后，当交易发生意外引起纠纷后，聊天室的内容和聊天记录的可取证性和合法性，也是一个非常大的争议点。

但不论是通过电话、电子邮件还是聊天工具发起交易，都增加了交易员执行交易的灵活性和选择性；无论交易员受制于交易设备的局限性还是受制于特定的物理条件，例如外出或出差，丰富的交易形式总能够为交易员提供更多的选择。

1.1.4 通过电子交易系统发起交易

随着通信技术、电子科技以及计算机的广泛应用，大型交易商和投资机构开始研发并使用全部自动化的交易系统。从交易员决定交易并敲击键盘的那一刻开始，由计算机控制的全自动交易流程就取代了交易员的大部分工作。大多数交易员目前都至少有一套电子交易平台作为最基本的交易工具。

采用电子交易系统发起交易优势明显。

第一，电子交易系统使交易节奏加快。如果交易员采用传统方式下单，例如打电话，即便对话过程再简洁也比不过电子系统百分之一秒或千分之一秒的下单速度。电子交易系统使得在手动交易时有待加速的流程环节可以用最快的速度完成。举个例子来说，在纽约证券交易所采用电子交易系统之前，交易所要经常视业务量而关闭一天。有时一个月一次，有时甚至两个星期就要关市一天。就是因为随着交易量的不断增加，大量的清算业务无法及时完成，在聘用更多人员也无法解决问题的情况下，交易所只能采取关市一天的方法，以缓解积压的清算工作量。

第二，电子交易系统可以把交易中的操作风险降到最低。"0"和"1"的编码取代了语音、文字和手势的交流，准确和统一的标准代替了模糊的表达、模棱两可的概念和人为的理解错误。电子交易系统把在交易流程中各个环节出现操作风险的可能性降到了最低。

第三，电子交易系统提供了强大的数据支持。从交易前的数据分析、交易中的实时监控，到交易结束后的效果评估，电子交易系统都可以提供较全面的数据。对于风险监控和监管机构来说，电子交易系统也为其提供了一个很好的平台，交易的整个过程和细节在系统中一目了然。

以电子交易系统为主，以电话、电邮或者聊天工具为辅，一般是现在交易员们进行市场操作的主要模式。电子交易系统中已经包含了所有必要的交易信息，电邮或者聊天室中的交流主要是确认或说明额外条件，并且可以提及一些对交易有帮助的信息。如果遇到了突发事件，打电话就是最好的交流方式。这几种方式的结合基本覆盖了交易员在实际交易过程中的所有需求。

1.2 高附加值交易

在"High Touch"这个词的翻译上我考虑了很久：既要符合英文词面上的意思，也要考虑到其本身的含义。最初想到的翻译是"高端交易"，但随即想到我们不能相应地将"Low Touch"翻译成"低端交易"。交易只有产品种类和交易途径之分，没有高端、低端的区别。你只能说这个交易挣钱了或者亏钱了，做得漂亮或糟糕，但不能说这是一个高端或是低端的交易。"High Touch"和"Low Touch"只是指根据交易双方的需求而提供不同的服务。因此，我们试着在这里把"High Touch"翻译成"高附加值交易"。

其实"High Touch"一词在销售领域使用得相当广泛，一般是指销售代表根据客户需求和使用产品的习惯制定出一套适合其本身的服务，可以说是量体裁衣。这个术语意味着高质量的服务，包括服务态度和专业水平。

高附加值交易主要是卖方机构提供的一套交易服务，为了实现最佳交易效果，卖方机构可以根据买方交易员的需求量身定做。这套交易服务一般包括：卖方交易员及时提供引起市场波动的信息和相关证券的新闻；根据市场条件，提供丰富的交易经验，以保证交易效果；在买方交易员资金不足的情况下，可以暂时提供融资帮助；对一些难以购买的证券，卖方交易员可以担当做市商的角色，让客户买到满意的交易数量；提供详细的交易数据和交易后分析；提供高质量的市场研究服务和证券研究服务。在这些服务的帮助下，买方交易员在面对大多数交易对手时，都具有一定的优势，可以保证既定的交易效果，有时甚至会有一些超额收益。因此，高附加值交易的佣金是最高的。

并不是每个卖方机构都能够提供如此全面并且高质量的交易服务。在如今充满竞争的市场中，卖方机构所提供的高附加值交易已逐渐开始强化服务中的某一方面，越来越突出自己的强项，做到特点鲜明。例如，有些机构以行业研究和新颖的投资概念抓住客户，为其创造直接交易获利的机会；还有一些机构的交易员经验非常丰富，能够很好地帮助和指导不熟悉市场的买方交易员完成交易任务，帮助买方交易员避免过多地损失于无效交易员和有效交易员。无论是"高、大、全"的全方位服务，还是独当一面的"精品式"服务，只要能为客户直接创造利润，高附加值交易就必定能受到买方交易员的青睐。

在我已出版的《金融交易与市场》一书所介绍的WFT案例中，券商比尔在帮助亚伦购买WFT时所提供的服务就是高附加值交易。比尔从一开始就向亚伦提供了有关WFT和能源版块的信息，以及一些相关的研究报告；比尔利用自己的交易经验帮助亚伦完成了当天早些时候在公开市场上的交易；在闭市之前，比尔又通过自己的关系网完成了一笔大宗交易；在所有的交易过程中，比尔和亚伦一直保持着顺畅的沟通，比尔一直很清楚亚伦的目的和需求。比尔在帮助亚伦顺利完成交易后，得到了大量的佣金作为酬劳。

笔者在《金融交易与市场》中介绍格雷厄姆和巴菲特的经典交易以及索罗斯的大宗交易时，相信他们使用的也是高附加值交易。而在金帆船内幕交易案中，该基金中的交易员也应该会采用不少于高附加值交易佣金水平的酬劳来奖励使其获得第一手实质性资料的信息渠道。

1.3 直接市场介入和算法交易

直接市场介入交易（DMA）为交易员提供了一个直接与交易所对话的通道。通常情况下，只有交易所的成员才能够在交易所里直接交易，而这些成员全部是券商和做市商。而其他交易员或其他机构没有途径直接与交易所对话，只能通过券商来完成交易。直接市场介入交易服务相当于把券商在交易所的席位暂时租给客户，交易员通过券商提供的交易平台自己管理交易的细节。那些在高附加值交易中由卖方交易员承担的职责和工作，在直接市场介入交易中则由买方交易员来承担。因此，直接市场介入交易带来的佣金相对于高附加值交易而言要低很多，主要来自于对外租借交易通道和交易平台的收入。

实现直接市场介入交易的硬件前提是交易的电子自动化、计算机系统化和区域分散化，这些条件为买方交易员提供了远端自主管理交易的可能。而全世界统一标准化的交易专用网络协议，使所有交易员使用同一种语言，从而把他们迅速联系起来。无论交易员身在何处，属于哪个国家，讲哪种语言，电子交易系统解释的语言永远都是一致的和标准化的。电子科技的发展和网络的无限蔓延使直接市场介入交易受到所有交易员的关注并很快流行开来。让买方交易员将交易单直接送入交易所从而避开做市商这种服务方式，最早是由电子通信网络（Electronic Communication Networks，简称ECNs）机构提出来的。非常著名的电子通信网络机构有纳斯达克证券交易所、Inet、NYSE Arca、Island Exchange等。

除了鼓励买方交易员更多地管理自己的交易单，直接市场介入交易还提供了很好的保密性。交易都是在券商的名义下或者以匿名的方式完成的。在一些券商中，由于监管的需要和防火墙的要求，一些证券必须以直接介入的方式进行交易。正是因为电子交易的迅捷性和直接进入交易所的便利性，买方交易员可以实现类似于做市商赚取买卖价差的交易，也可以更多地捕捉到市场短期内出现的获利机会。由于只用到了券商的交易通道和交易平台，佣金和交易费用方面也可以降到很低。举个例子来说，如果交易美国股票，通过高附加值交易的佣金为5美分/股，而通过直接市场介入交易的佣金可以低到0.5美分/股。

中国的券商所提供的A股交易服务主要是直接市场介入交易。

直接市场介入交易使买方交易员可以在一定程度上控制一些交易细节。而交易细节和交易策略有效地绑定在一起时就成为了时下非常流行的算法交易。这些细节包括交易时间、交易价格和交易数额，而且都是事先通过编程语言设定好的，一旦条件满足，整个交易将自动触发。买方交易员（例如养老基金、互惠基金和其他机构投资者）和卖方交易员（例如券商的交易员）更多的是利用算法交易将大规模的交易单打碎拆分，以减小交易成本和对市场的冲击。而另外一批算法交易的使用者，例如券商里的自营团队和对冲基金，则利用一切可能的机会从快速交易中直接获利。

关于算法交易的介绍和分类，笔者将在本书的"算法交易策略与执行方法"部分进行详细的讨论。

1.4 大宗交易

从交易产品的角度来理解，大宗交易（Block Trading）并不只是指数额巨大的单一证券交易，更多的是指一种交易方式。对于买卖双方的交易员来讲，如果单笔交易数额超过一定标准就可以选择这种方式进行交易。因此大宗交易服务的对象是有特定需求的。如果交易员在二级市场中主动寻找大额买家或卖家，不仅从保密性、时限以及交易成本上难以控制，最令交易员担心的股价波动和在交易未完成之前带给市场的冲击也非常容易出现。而大宗交易为大额买卖双方提供了公开市场外的协商机会，这种方式既可以为交易双方提供直接谈判的渠道，也可以通过大宗交易员为买卖双方牵线搭桥，保护交易双方的信息。如果交易成功，成交价和成交量等交易结果将通过某一券商席位报交易所成交。大宗交易既简化了交易过程，又有利于控制交易成本并增强证券的流动性，这是一种让市场政策制定者、市场监管者和市场参与者都从中受益的交易方式。

世界上各个证券市场对大宗交易的规定不尽相同，但主要原则还是比较一致的。例如，大宗交易在交易所正常交易日限定时间内进行；大宗交易最终的交易价格由买卖双方采用议价协商方式确定，价格要么在交易日波动范围内，要么在收盘价上下一定浮动额度之内，最后经证券交易所确认后成交；大宗交易的交易价格不作为该证券当日的收盘价，交易量在收盘后计入该证券的成交总量；为了避免对市场造成影响，买卖双方在收盘后公布交易细节；大宗交易是不纳入指数计算的，因此对于当天的指数无影响。

以《金融交易与市场》一书描述的 WFT 案例为例，比尔在交易日结束前的最后一笔交易中承担起了大宗交易员的角色，帮助亚伦在场外寻找卖家、进行价格谈判并最终完成了亚伦所需要的所有交易额。

1.5　Delta One 交易产品

人们习惯用希腊字母 Δ（Delta）衡量衍生品价格变化相对于标的资产价格变化的敏感度。用数学的语言来说，Delta 就是二者的一阶导数或二者比例的切线斜率。如果 Delta 的值为 1，那么标的资产价格变化一个单位，其衍生品价格就会变化一个单位；如果 Delta 值为 -1，那么标的资产价格上涨一个单位，衍生品的价格就会下降一个单位。因此，Delta One 的金融产品就意味着衍生品和标的资产之间为线性关系。如果用图形关系表示收益曲线，它们就构成了对称图案。

Delta One 交易产品向买方交易员提供了交易便利——因为某种原因买方交易员无法直接交易投资标的，卖方交易员设计并提供可以投资的衍生品，这个衍生品和投资标的之间的数学关系就是 Delta One（标的资产价格和衍生品价格变化一致）。或者现有的场内交易产品都是标准化的，无法满足买方交易员的个性化需求。因此，我们常见的 Delta One 产品大多是 OTC 产品（场外产品）：远期、股票掉期、股利掉期、票据（Notes）、权证（Warrants）、一揽子标准化产品，或者把非标准产品和其他结构性产品一起打包。举例来说，如果买方交易员无法直接投资美国股票市场，但是希望能获取美国股票市场的收益，那么买方交易员会设计一个 Delta One 产品来追踪标普 500 指数。双方签订 Delta One 产品协议之后，买方交易员只需要交纳票面价值 30% 或更少的保证金即可。在约定的到期日，如果标普 500 指数上涨 5%，卖方交易员需向买方交易员支付票面价值的 5%；而当标普 500 指数下跌 5% 时，卖方交易员将从买方交易员处收取票面价值的 5%。对于被动组合的基金经理或者跟踪指数的基金经理，他们可以用很少的资金来购买 Delta One 产品来增加收益。另外，交易员还可以利用 Delta One 产品对冲、加杠杆或者做空标的资产。

在卖方机构的股票交易团队或者股票衍生品交易团队中都设有 Delta One 交易服务团队，他们是最赚钱也是风险最低的团队。由于 Delta One 产品种类的多样性本身就降低了市场风险，许多 Delta One 产品之间本身就可以相互对冲，而且这些产品在被创建之后也不会只有单边头寸，交易员会马上做对冲以降低个别风险。卖方交易员可以通过 Delta One 产品将自己变为资本中介，通过各种金融工具、衍生品和套利策略来赚取额外的收益。他们既是产品的设计者，又是客户的交易对手方，还负责提供流动性，因此整个交易流程都需要是合规的且需要进行风险控制：当交易前台收到客户请求时，交易员将需求直接发送至合规和风控等中台部门判断可行性；在通过中台审核后，专门的产品设计部门会提出产品方案，设计团队多是由数理专业的硕士或博士组成的，有很强的数理建模能力和金融工程功底；产品设计完成之后，前台交易员会用产品与客户完成交易。

在金融市场快速发展的今天，Delta One 交易产品已经成为投行主要的收入来源，但是也发生了一些风险事件，值得读者深思。

杰罗姆·科维尔（Jerome Kerviel）是法国兴业银行（Societe Generale）Delta One 交易部门的交易员。就像我们之前介绍的那样，Delta One 交易部门风险很低，而且杰罗姆交易的产品也都是各欧洲市场的主要指数的衍生品，即使有大量头寸也很容易对冲。杰罗姆最初加入的是法国兴业银行的中台部门，当时的职位是合规员。2005 年他被调入 Delta One 团队任职交易员。2007 年，杰罗姆预测到市场下跌并小赚了一把，之后，他的交易权限逐渐扩大。2008 年初，他对赌市场将会上涨，但当时正值美国次贷危机波及欧洲之时，股市的动荡不止使杰罗姆的投资血本无归，更让法国兴业银行濒临破产。

在随后的调查中发现，在 2006 年底至 2007 年初，杰罗姆利用自己在中后台的经验制造了一些虚假交易以掩盖他的越权交易。只是因为这些交易的规模比较小，在当时没有被发现。在随后的 2007 年一年中，杰罗姆越来越大胆，虚构交易越来越频繁，数额也越来越大。因为他在 2007 年赚了钱，所以一直没被发现。但是到了 2008 年初，由于杰罗姆押错方向，开始出现亏损，他就用虚假交易掩盖损失，但是，他还继续下注，继续掩盖，就这样欲盖弥彰。到最后，未经授权的交易名义值已经达到了 499 亿欧元。当 2008 年 1 月中下旬，市场出现大幅下跌时，这些交易给法国兴业银行造成了至少 49 亿欧元的损失。其实，在 2007 年底和 2008 年初，杰罗姆是有机会见好就收的，因为在开始的几天里，他的交易盈利最高达 20 亿欧元，他甚至还制造了一些虚假交易以掩盖这些盈利。

这个案件听起来很耳熟对不对？让我们想起了巴林银行倒闭事件。杰罗姆随后遭到逮捕，法国兴业银行总行调查之后将整个事件归结于他一人所为。但是他并没从那些盈利的交易和虚假的交易中获得一分钱的好处，那他是为了什么呢？

本章总结

券商向买方交易员提供各种交易服务、交易平台和交易通道，以使后者选择最合适的方式参与到市场中来。最传统的并沿用至今的交易方式就是高附加值交易，也许交易员使用的交易工具不同——从简单的肢体语言、大声咆哮，到电报、电话、电邮，再到计算机系统化的电子交易平台，无论哪种方式，交易都可以顺利完成。在支付相对较高佣金的同时，买方交易员可以根据实际的需求获得较好的交易服务。大宗交易是一种场外交易形式，丰富了交易员的交易手段，使交易市场有多个层次，增加了流动性的来源。大宗交易一般处理的都是数额较为巨大，或者很难在公开市场中直接完成的单子。虽然在场外发生，但是监管非常严格。

网络和计算机技术的快速发展，催生了直接市场介入交易和算法交易，增加了人们参与交易的便捷性。这两种交易方式鼓励买方交易员自主管理交易过程中的细节，捕捉交易中的获利机会。机构投资者的交易员通常使用直接市场介入和算法交易将规模较大的交易单分割并择时提交，以减小交易成本和对市场的冲击。而一些券商的自营团队和对冲基金则是利用速度和对预设条件的快速反应获得盈利机会。

第二章

程序交易产品和投资组合调换交易产品

　　程序交易（Program Trading）虽然被冠以"程序"二字，但它的起源跟计算机程序没有一点儿关系。当交易员同时买卖多只股票，且交易额或股票交易数量达到一定规模时，市场将这一揽子交易称为"程序交易"。而随着科技突飞猛进地发展，程序交易利用计算机系统将交易逻辑、交易条件和交易流程全部程序化，形成了我们今天看到的形式——交易员坐在计算机前将大笔交易单通过网络传递给交易所的计算机。纽约证券交易所每天至少10%的交易量来自于程序交易。

　　由于是"一揽子交易"，投资组合中证券的多样性降低了交易员交易个股时所面对的风险。投资组合的整体性大大降低了交易成本。同样是借助于计算机系统的优势，程序交易将多笔交易集中统一执行，体现了批量生产的优势，减少了运营风险并且降低了市场冲击。

程序交易的另外一个优点在于利用计算机程序化交易流程,杜绝交易员的情绪化反应所导致的不理性交易。这种交易产品通过预先设定好的交易策略,根据市场条件逐步按计划实施,从而避免过度交易和情绪化的交易。程序交易用全部自动化的操作代替了交易员的人工操作——因为市场走势所产生的贪婪与恐慌均可借助计算机化的交易产品来避免,减少交易噪声从而尽可能地达到最佳交易效果。

2.1 程序交易产品

程序交易又被称作"一揽子交易"(Basket Trading)或者"投资组合交易"(Portfolio Trading)。简而言之,当交易员把若干个、几十个或上百个交易单同时提交时就构成了程序交易。程序交易在不同市场中有不同的定义和区分。例如纽约证券交易所和美国证券交易委员会规定,当交易组合包含 15 只及以上股票,并且总交易额等于或大于 100 万美元时,该交易组合属于程序交易。在使用程序交易时,一般常出现的有以下几种情况:当投资者购买公募基金时,基金接到一大笔买入资金,交易员需要在收市之前按照比例用资金购买相应的"一揽子"证券;很多对冲基金也利用这种交易工具实现关联性很高的金融产品之间的套利策略,例如当指数成分股和指数(或其衍生品)的整体走势短暂地出现较大的分歧时利用指数套利。程序交易不仅仅应用于股票现货市场,也广泛应用于期货市场,或者是两种市场之间的套利。

程序交易的操作和实施依赖于强大的计算机系统。与算法交易相同,只有在便捷的自动化交易平台上，交易员才可以顺利完成交易。手工的交易方式是无法有效地完成程序交易的，如果一笔程序交易中含有上百只成分股票，那么系统的运算速度、容错性和稳定性是至关重要的。因此，程序交易也是交易市场与现代计算机和通信技术相结合产生的交易产品之一。电子交易市场的出现也是程序交易的推动力之一，例如 Instinet 和 Archipelago Exchange，所有的买单和卖单全部自动化匹配，没有任何的人为干预。这些市场和科技的改变使程序交易帮助交易员们更快速、更便捷地介入交易市场。

交易员也可以通过做市商来完成程序交易。交易员通常向做市商提出标的组合，做市商根据程序交易的交易额、证券的数量和市场情况来报价。例如，做市商可以指定买入价为整个组合的交易量加权均价减去 10 个基点（10bps）；卖出价为交易量加权均价再加上 15 个基点。如果交易员对标的证券组合有指定要求，他可以向做市商提出一系列条件，例如公司的资产规模、评级标准、行业限定等。做市商会根据这些条件帮助交易员筛选出满足条件的证券。交易员可以同时向几个做市商询价，选择报价最优的做市商完成交易。

公募基金的交易员和指数套利的交易员是最早使用程序交易产品的用户。当公募基金获得一笔新的资金并需要投入到投资组合中时，公募基金的交易员往往需要同时进行多笔交易，数额也较大，交易的时限也需要当天完成；套利交易员在发现指数价格和其成分证券之间出现价差时，会利用程序交易大笔换进或换出价差较大的一批证券。一些对冲基金的投资策略和高频交易策略也促使程序交易的交易额稳步增长。以截至 2016 年 4 月 29 日的一周为例，纽约证券交易所程序交易占全天交易量的 20.5%

（20.77 亿股），指数套利的交易量占总体交易量的比例不到 1%，其中买入程序交易占程序交易总量的 50%，卖出交易占 45%，非指数套利交易驱动的程序交易占程序交易总量的 19.58%。交易量排在前三名的券商分别是：摩根士丹利、高盛和巴克莱资本。

2.2　程序交易给市场和交易员带来的益处

程序交易所面对的风险要远远低于单独交易其"一揽子"股票中成分股所面临的风险。笔者在《金融交易与市场》中介绍过交易员的各种类型，根据程序交易的特点分析，程序交易员往往是实效交易员的成员之一。有效交易员是每个实效交易员都不愿意面对的交易对手，在个股的交易中，实效交易员很难避开信息灵通的捕猎者；对于"一揽子交易"来说，因为交易股票的数量和时间限制，程序交易员所面对的交易对手中就很少出现有效交易员，因为很少有人能对"一揽子交易"中的所有股票预测准确。即便是程序交易员的交易对手对其中的一些股票有一定优势，整体"一揽子交易"的风险还是比单独交易的风险要低很多。如果程序交易在场外进行，做市商也不用过分担心有效交易员的出现，因此场外交易的报价和流动性也要好许多。我们在讨论为单一证券做市的交易员时，做市商会根据有效交易员的交易情况来设定买卖价差：如果市场有效交易员出现较频繁，买卖价差设定偏大，以弥补与有效交易员交易造成的损失；如果市场价格有效，做市商报出的买卖价差就会偏低。在程序交易的市场中，鲜有交易员能够成为所有交易证券的有效交易员，因此，做市商面对的风险降低，报价自然会趋于最佳。

20世纪80年代初，机构交易员们开始利用股票及其衍生品之间的价差获利，指数套利策略就是其中之一。同时出现的对冲策略投资组合保险（Portfolio Insurance）也是通过股指期货和期权来对冲整体股票组合的下跌风险。这些策略推动了程序交易的出现，因为它们可以事先根据不同场景设定参数，当触发条件达到时，套利或对冲交易自动发起。在当时的情况下，机构的相当一部分仓位都是依据这两种策略来建立的。来自交易员的策略需求和计算机系统的支撑使得程序交易在20世纪80年代有了突飞猛进的发展。交易系统的设计实现了市场信息、实时价格、交易数据、风险监控和投资管理等功能的一体化和自动化。计算机程序根据预先设定好的参数和条件判断交易机会，交易发起是从交易员的终端直接进入到交易所的服务器中。

由于程序交易的透明和高效，越来越多的交易员喜欢这种交易方式。一般程序交易的交易额都要大于单一股票的交易额，交易员可以与券商谈判佣金以降低交易费用；如果产品的形式标准化或整齐划一的话，同样产品的买家就很容易找到卖家；因为较低的风险，做市商的仓位也可以灵活变化，向市场提供很好的流动性。所有这些益处都使程序交易市场的交易量增长非常迅速，交易活动非常活跃。

此外，程序交易也体现了批量生产的好处。很多人都知道，在制造行业，流水线和批量生产会使生产效率提高。同样，在程序交易中，许多单笔交易集中在一起交易，清算交割时也只按一笔交易进行，大大简化了中后台的工作流程，降低了工作量。而对于交易员来说也节约了清算费用。

程序交易只是一种工具，在其背后的交易策略是完全由交易员制定的。交易员们可以依仗交易算法自动激活交易,但是当算法没有考虑突发事件或者整体趋势时,这会加速市场的波动性和不确定性。20世纪80年代和90年代,舆论将几次市场的闪崩和过度的波动性都归罪于程序交易。纽交所率先作出调整,出台了一系列监管措施,在一定条件下限制程序交易的同时,也帮助其规避了许多不必要的负面评价。但是市场始终没有停止使用程序交易,因为从长远利益来看,程序交易利大于弊。

交易员也会根据程序交易的方向来辅助自己的投资策略。举例来说,如果一家卖方机构给出关于IBM股票的正面评估,那么IBM的股价涨幅很可能是暂时的,但是当5家、10家或者更多家给出IBM"买入"评级的时候,就意味着如果有大规模的程序交易买入,其股票池里就很可能有IBM。你绝对不希望自己站在这些大量买入资金的对手方。也许程序交易的标的并不能代表什么,但是它至少提示了交易员不能犯的错误。由于程序交易在每天的交易量中占比很大,有经验的交易员一般都会参考程序交易的数据和信息。另外,程序交易也向市场提供了流动性。辨别出程序交易的交易时机和固定模式,就相当于为投机交易员提供了获利的机会。最重要的是,交易员不要在错误的时间选择错误的交易方向。

总结一下,程序交易产品主要有以下优点。

首先,对交易总量要求很高的交易员,程序交易在其面前体现了低成本、高效率的特点。其次,利用计算机庞大的计算功能,程序交易可以捕捉稍纵即逝的套利机会。或者说,交易员利用历史数据的分析,寻找出统计套利的机会,从另一个方面提高了市场发现价格的作用。当一个市场有20%以上的交易量来自程序交易时,这意味着相关的证券定价已经相当成熟了。

2.3　投资组合调换

投资组合调换（Transition Management）是卖方交易员向买方机构提供的一种交易服务。这种服务将大额的基金以最便捷的方式和最低的成本由一种投资组合或模式调换为另外一种投资组合或模式。例如将投资于标准普尔500指数的组合调换成投资欧洲Stoxx50指数的组合；或者将投资股票的资金全部调整到投资债券。投资组合调整的主要原因大多是因为投资策略的转变、投研人员的变化和机构重组等事件的发生。例如两个风格不同的投资组合合并成一个投资组合，需要牵扯到大量证券的买入与卖出；当一个投资策略需要终止并且基金需要赎回时，投资组合的撤出也需要大规模的交易。针对投资组合中结构性的调整，投资组合调换服务主要包含以下几个步骤：预先估算交易成本、设计交易策略、实施交易并实时监控交易风险、生成交易报告、与预估成本和设想交易结果进行比对。

在交易单一证券时，如果交易额巨大，交易员要关注的因素很多，例如交易费用、佣金、交易对市场的冲击和机会成本等，因此交易的难度大大增加。而当交易一个投资组合的所有证券时，如果不是足够仔细地运用交易策略的话，有些风险因素很可能被放大几倍甚至更多。如果一个投资组合需要调换，那么其所属的机构通常会寻求机构之外或第三方的帮助，而不是由自己在内部主动调换。使用机构之外的帮助主要有如下优势。

第一，交易成本相对较低，专门从事投资组合调换的外部团队无论是在公开市场交易还是场外交易都会寻求更多流动性的支持。

第二，负责组合调换的专业人员会仔细研究交易细节，在节约成本的同时增加组合价值，控制交易风险，并且在操作完成之后形成交易报告供客户参考。

第三，外部团队提供的保密性可使交易策略顺利完成。想必读者也见到过许多这样的例子，一个规模巨大的基金刚刚开始自己着手投资组合的调换，市场上就已经传出风言风语了，交易对市场的冲击被夸大，交易成本就自然增大了。而负责投资组合调换的专业团队或公司会非常注意客户交易信息的保密性，因为这是他们在市场上赖以生存并最终盈利的保证之一。

第四，在许多成熟的交易市场，拥有大规模基金的投资者，例如机构投资者，已经越来越多地偏向于使用市场现有的投资组合调换服务。这种趋势帮助了提供这些服务的机构和公司拥有越来越多的交易量和信息，有些交易不用提交到市场上，可以直接在客户组合之间匹配，大大降低了交易成本和风险。

第五，对于组合中比较棘手的交易，例如流动性不是很好的资产，这些服务方会有更专业的交易员对其进行集中解决。而且，使用投资组合调换服务可以避免过多的利益冲突，尤其是投资组合所属机构的内部矛盾。服务的执行者唯一的目标就是交易整体顺利完成并把成本降到最低——符合所有客户的利益。

在投资组合调换的执行过程中，同样也要使用程序交易所依赖的交易系统。投资组合调换所涉及的资产和市场更加多样化、交易额更大、时间更长，因此对交易系统的要求也就更高。在程序交易中，同一类证券可以同时进行交易；在组合调换中则需要不同类别的资产同时进行交易，例如将股票类证券转换成债券，两种资产不仅不属于同一类交易产品，就连交易市场也大相径庭。交易员在进行操作时，不仅要同时关注股票和债券的流动性，而且还要按比例地同步买入和卖出。另外，过大的资金规模必然使交易风险问题突显，如果交易系统中有对交易风险的实时监控，那么整个交易过程中的市场冲击可以降到最低。因此，组合调换对交易平台要求更高，不只是要有执行各种交易策略的算法和自动化交易流程，还要有基于整体交易风险的实时监控和合规提示，最后还要根据交易结果和相关数据产生可供参考的组合调换效果评估报告。

对市场中经常出现的需要投资组合调换服务的情况我们总结如下。

现有投资组合的交易员得知要将全部资产平仓，以转换成现金为新的投资任务作准备。这个过程中除了卖出交易所暴露的市场风险之外，还可能有错失良机的风险，因为投资组合必须回到原点才能重新开始。因此，执行投资组合调换的交易员需要非常注意保密性和执行效果。

另一种常见的情况就是将旧的组合按照计划调换成新的目标组合，在这个过程中交易员都会被给予很宽松的时间并且没有收益回报的压力，直到组合调整完毕。如果没有使用组合调换服务，由于新的交易员的任务主要是追求收益回报，新组合的建成往往会被拖延很长时间，机会风险和其他风险出现的概率也大大增加。

本章总结

程序交易是因交易员对降低大规模交易成本有巨大需求而产生的一种交易产品。"一揽子股票交易""一揽子证券交易"或者其他证券交易都要比单独交易其中一只证券所面对的风险低很多。因此，在与先进的电子通信系统和计算机系统结合之后,程序交易越来越多地被交易员采纳,成为了市场中交易量的主要来源之一。

投资组合调换所牵扯到的资产类别则要比程序交易广泛得多,资金规模也要大出许多,交易周期也会很长。程序交易可以应用到组合调换的每一类资产中,但是在程序交易的系统之上,交易员还需要可以实时控制整个交易过程的功能。

指数型交易产品

如果我们仔细观察世界各主要市场的交易数据,就会发现指数和指数衍生品的票面交易量远远超过指数的各个组成证券的交易量。指数型交易产品包括指数型基金和以某种指数为标的的期货、期权等。随着世界金融市场的快速发展,指数型交易产品的影响在股票市场之外的债券市场、大宗商品市场和衍生品市场也越来越大。

在后面章节中涉及交易评估的讨论中读者可以了解到,越来越多的投资者选择被动投资的方式来取代积极投资的方式,其原因之一就是投资者希望通过指数型产品来规避单一证券的特殊风险,并且避免过多的交易成本。投资交易员投资被动型指数基金希望尽量得到与指数回报一致的收益;投机交易员通过指数的衍生品,例如期货来押注市场的走向,放大市场方向性的风险来赚取暴利;对冲交易员则利用指数型交易产品对冲投资组合整体的市场风险或者对冲其多头或空头仓位。所有这些交易员的积极参与使指数型交易产品的流动性好于其成分股。这种流动性提高了其市场作用：指数型交易产品的价格变化往往领先于其标的指数实仓的价格变化。

3.1　计算指数价格

由于指数是由其各个组成证券按比例构成的，其价格计算也是由其成分证券的价格按比例计算出来的。只不过有几种不同的比例划分方式和计算方式而已。最常见两类就是：价格加权（Price Weighted）指数和市值加权（Capital Weighted）指数。

价格加权指数，顾名思义，就是把所有成分股价格的累加和平均后乘以一定基数得到的。如果指数中有 50 只股票，那么这只指数的价格计算就是这 50 只股票的价格简单相加后，再除以 50 或某个基数。指数中价格最高的证券对指数价格的影响也就最大。但是当股票进行拆分时，基数的调整是一个很令人头疼的问题。为了保持股票拆分之后指数的连续性，基数需要根据股票价格调整之后的数额进行调整。股票拆分之前，价格高的股票在指数中占比重较大，指数价格会随着价格高的股票变动，这样过高地反映了实际情况；而股票拆分之后，价格高的股票价格变低，权重自然就下降了——要想维持指数的连续性，就需要调整分母，拆分股票对指数形成了一个下行趋势压力。例如，那些快速成长的公司如果不停地进行股票拆分，虽然公司的总资产在不断扩张，但公司在指数中的影响却越来越小。道琼斯工业平均指数和日经225指数是价格加权指数的典型代表。价格加权指数的计算公式如下。

$$价格加权指数 = \frac{\sum_{i=1}^{n} 股票价格_i}{n}$$

市值加权指数是指每个成分证券以标的公司总资本价值占指数总资本价值比例为权重。总资本价值高的证券在指数中的影响力自然要大于资本价值稍低的证券。如果股价过高，以市值加权指数为投资基准的交易员会继续追高，过多投资本来就高估的证券；而价值偏低的证券投资比重会继续偏低。世界上大多数指数都是市值加权指数，标准普尔500指数和罗素1000指数就是其典型代表，我国的上证综指和深证综指也属于市值加权指数。股票拆分对市值加权指数没有任何影响，因为公司在股票拆分前后的总资本价值没有变化。在公式中基准市值是基准期中所有指数标的公司市值的加总。有的市值加权指数还会在公式的最后乘以一个基数——100、1000或10000。市值加权指数的计算公式如下。

$$市值加权指数 = \frac{\sum_{i=1}^{n} \left(股票价格_i \times 股本_i \right)}{基准市值}$$

还有几种指数主要用于研究而很少用于实际投资。如果要避免超买价格过高的证券，可以对指数中所有成分证券均等投资，也就是给每只证券同等的投资机会，这就是均等加权指数。这个指数在投资研究领域主要作为一个基准，用来比较投资策略的有效性，如果交易员的收益能够超过均等加权指数，说明交易员的投资策略是相对有效的。还有一些以公司基本指标作为指数中比例计算的标准，例如销售额、净值、现金流和股息。这类指数总体来说变化比较平稳，不会受股价短期剧烈波动的影响。

有两个因素是每个指数计算方法（特别是在股票市场中）都要考虑的：基数和股息。指数在经过各种加权计算后都要除以或乘以一个基数，以保证指数数值的连续性和可比性，特别是当成分证券有所调整时——例如一些成分证券的比重增加或减少以及一些证券被添加到指数中或从指数中删除的情况，基数虽然是个常数，但也需要随之调整。就像我们前面讨论过的那样，当成分证券进行拆分时，价格加权指数的基数需要向下调整（但不是简单地按比例降低）而市值加权指数中的基数则不需要进行任何调整。如果一只资本价值很高的股票取代一只资本价值较低的股票而成为指数的成分股，各个成分股的权重都会有所变化，市值加权指数的基数也会相应调整放大。

股票市场中最常见的指数一般都不包括其成分股的现金分红。如果交易员以指数作为投资基准的话，都应该对指数作相应的现金分红调整（Dividend-adjusted），以避免投资基准过低。因为成分股的现金分红会增加指数的价值，这类调整都是向上调整。调整后的指数包括了指数的资本回报（Capital Gain）和现金收益回报（Yield Income），因此它又被称为"全回报（Total Return）指数"。例如，交易员如果以标准普尔500指数作为投资基准的话，应该考虑到其500只成分股的现金分红。许多金融机构、投资机构或者独立的研究机构都提供标准普尔的全回报指数。

3.2 投资基金的由来

在介绍指数型交易产品之前，笔者为读者简要地回顾一下投资基金的发展。

投资基金是一种广受欢迎的投资模式，在美国被称为"互惠基金"或者"共同基金"（Mutual Funds），在英国被称为"单位信托基金"（Unit Trusts）。这种投资形式可以将小额资金从公众投资者手中募集起来，通过专业的投资顾问或机构，根据既定的风险指引将资金投资到证券市场中，并以一定的佣金回报这些操作者。投资的收益按照事先每个投资者的投资比例来分享。

投资基金有一段很长的发展历史。它最初出现在19世纪中叶的英国，也正是这段时间，英国是世界上的工业强国和最富有的国家。当时的一些个体投资者或中小型投资团体在国内低利率的刺激下，争相投资发展中国家，例如美国和欧洲其他一些国家，以获取丰厚回报。但是由于对其他国家和经济实体的不了解，这些最初投资海外的试水者损失惨重。他们随后相互聚集起来，分别聘请了本国的投资专家和当地的投资顾问，并以信托公司的模式投资海外，最终获得成功。1868年，世界上第一个投资信托"外国和殖民地政府信托"（Foreign and Colonial Government Trust）在英国诞生。该基金成立时募集到100万英镑。之后这种投资模式便在英国和美国迅速推广开来。

共同基金/互惠基金出现于1924年的美国。特别是在第二次世界大战之后，投资基金的形式和投资种类也变得越来越丰富，投资质量和收益也有了本质上的提高。20世纪70年代，通过基金投资发达国家股票市场的方式开始在美国时髦起来。在接下来的10年当中，又有大量的资金通过投资基金的形式从发达国家证券市场涌入亚太地区。进入20世纪80年代后，在美国国内利率逐渐降低并趋于稳定的大环境下，股票市场长期平均收益高于银行存款和债券利率的优势逐渐显出,经济的增长和股市的活跃使投资基金得以快速发展。随后,世界经济全球化的迅速发展也催生了投资全球化的概念,美国投资基金的发展成为了主导并迅速膨胀。1950年时美国共同基金资产规模是25亿美元,而截至2015年底,保守估计美国的共同基金的和ETF资产总量高达17.8万亿美元,有大约9100万持有者,占美国家庭总数的43%。除了在资产总量上美国市场独占鳌头,在共同基金数量、管理人数量和投资者数量方面美国也是高居第一。相比之下,中国公募资金市场总量在10万亿元人民币左右,有效基金账户占全国总人口的9%左右。

根据组织形式的不同,基金可分为公司型基金和契约型基金。公司型基金以投资基金公司的形式发行公司股份而设立基金。投资者本身就是投资公司的股东,权利和义务的界定非常清晰。美国市场中的基金多是公司型的。由基金管理者、基金托管者和投资者三方通过基金契约设立的基金,通常称为"契约型基金"。基金管理者作为契约签署的一方,有权决定基金的规模,负责日常的投资操作和基金的其他管理;基金托管者负责契约的执行以及基金财产的安全和托管。契约三方的权利与义务在协议中都有非常明确的规定。契约型基金在日本、新加坡和中国都有广泛的应用。

根据是否可增加,基金可分为开放式基金和封闭式基金。对开放式基金来说,基金的股份是不受限制的。基金可以不停地发放股份以吸引更多的投资者。投资者可以通过银行、券商、基金公司申购和赎回股份,基金规模不固定。封闭式基金的股份是有限的,在存续期之后不再发行新的股份。投资者不能采取类似开放式基金赎回的方式卖出股份,但可以市场上公开交易,投资者通过二级市场买卖封闭式基金的股份。尽管封闭式基金的形式比开放式基金出现得要早，但是开放式基金更方便投资者的这一优势使其在美国更为流行，开放式基金的数量也远高于封闭式基金。因此开放式基金吸引了更多的投资者，基金的种类也更多样化。

从投资风险与收益上分类，基金可分为成长型、收入型和平衡型；从投资对象的不同上分类，基金可分为股票型基金、债券型基金、混合型基金（股票和债券混合）、货币市场基金、期货基金等；从投资区域上分类，基金又可分为国内基金和国际基金。美国共同基金的资产类别主要以股票为主：权益类基金规模占共同基金总规模的52%；散户虽然持有货币基金的金额高达1.7万亿美元，但只占总额的12%。个人投资者在美国共同基金市场中占比很高，占89%左右；在以长期投资为目标的基金中占比更高，占95%。而机构投资者投资共同基金的比例相对较小，且主要集中在现金管理的需求上。另外，基金的管理规模也有向大型公司集中的趋势：2000年美国最大的五家公募基金占基金总规模的32%左右；2015年前五强的占比已达45%。前十名基金的资产规模占比也由2000年的44%上升到2015年的56%。

从另外一个角度来讲，共同基金也是美国养老金（个人退休账户和雇主发起的计划）的主要投资工具，截至2015年底，总规模已达14万亿美元，所占比例也高达50%或更多。从个人投资的占比和养老金的占比来看，可以说如果共同基金市场出了问题，美国个人财富管理将面对巨大危机，因此对共同基金市场的监管也是美国监管领域的重中之重。美国证券与交易委员会（简称SEC）对共同基金市场制定了一套非常完善的监管法规。在美国，包括银行在内的任何机构从事基金业务都必须获得SEC的认可。

笔者下面用一个非常有趣的交易事件来解释基金市场监管的复杂性。与抢盘交易员类似,这是一个利用交易上的时间差获利的案例。

2003年纽约最高检察官指控新泽西的一家对冲基金（Canary Capital Partners LLC）以违规价格买入了美国银行的共同基金Nations Funds。他们是怎样违规的呢？对于共同基金在公开市场上的买卖,只要交易员在闭市之前下单（美国东部时间下午4点之前）,就会以当日收市价格成交——共同基金的价格每天只在下午4点计算一次。SEC规定,如果交易员在收市后下单买卖共同基金,只能以第二天的收市价格成交。但在1968年之前并不是这样的,如果交易员在收市之后买卖共同基金,是能以前一个收市价格成交的。这就造成了很多投机者有机会在确定第二日价格高开的情况下,以前一日价格买入然后再立即卖出。如此反复交易可以稳定获利,但是对于长期持有公募基金的投资者来说这是在慢性亏损。因此,1968年监管机构颁布了新的监管要求,明令禁止所谓的延迟交易（late trade）。2003年的这个案件就是典型的再次使用延迟交易的把戏,对冲基金和经纪商在交易单的时间戳上做了手脚。

最后这家对冲基金以支付4000万美元罚款结案。但是这个案件对整个公募基金行业声誉的影响一直都无法弥补。

3.3 指数型交易产品

最常见的指数型交易产品就是以指数为标的的开放式基金。交易员可以以当天收市时基金净资产的价格申购；同样在赎回资金时，交易员也可以以当天收市时的价格直接将份额卖给基金。虽然交易员每天都可以自由买卖基金，但是只有一个价格——收市价，在交易日当天交易员无法以其他价格申购基金。基金也得保证一定的头寸以保证投资者的申购与赎回。如果基金的赎回和申购不能相互抵消，基金必须买入或卖出市值等于这个净差值的标的证券。

交易所开放式基金（Exchange-traded Funds，简称ETF）是一种基金资产在不断变化，并且可像个股一样在市场上交易的产品。这种基金通常以某个市场的指数作为标的，或者以某个行业的证券、某类交易产品指数为标的。它可以像开放式基金一样让投资者自由申购和赎回，也可以像封闭式基金一样在市场上交易，再加上这类基金通常以指数或者行业为标的，降低了个股的风险，越来越受投资者的喜爱。ETF通常以单位信托基金的形式存在，契约规定了各方的责任与义务。交易员可以在市场上直接购买基金份额，也可以用其标的资产去兑换同等份额的基金；同样在赎回过程中，交易员可以得到现金，也可以得到同等份额的标的证券。

大部分的ETF都是以指数为标的的，其交易价格和基金净值与指数的走势是完全一致的，因此收益也与指数的收益一致。如果短时间内出现基金价格高于指数价格，套利交易员会卖空基金份额买入指数或证券实仓；如果指数价格高于基金，交易员则会做空指数而买入基金。因此这类基金避免了封闭式基金普遍存在的折价问题。

指数型交易产品的另外一大类就是指数期货。如同我们前面提到的：对冲交易员利用指数期货进行风险对冲，套利交易员和投机交易员利用指数期货进行套利并增加杠杆。指数期货的交易快速便利和相对便宜的特性，使其成为跟踪市场的首选交易工具。由于指数期货同其他期货一样有时间限制，如果交易员想继续保持同样仓位，需要及时滚仓（Roll Over）。指数期货在滚仓的过程中可能会造成一些交易成本。

指数期权也是对冲交易员和投机交易员经常使用的指数型交易产品之一。对于对冲交易员来说，投入很少的交易成本，就可以对冲掉整个投资组合的大部分风险，对整个市场的稳定性和流动性来说都是一个积极因素；而对于投机交易员而言，投入比票面价值小很多的资金，通过期权杠杆化放大几倍、十几倍甚至几十倍，必然会成为投机者做空市场或做多市场的利器。当然，使用指数期权的交易员也要面对更大的风险，如果没有实仓和足够的资本金去裸卖期权产品，那么后果就不只是倾家荡产那么简单了。

3.4 指数型基金

交易员通过指数型基金获得与指数相同的回报。例如，许多交易员为了获得与美国市场几乎相同的回报，复制标准普尔500指数，建立相应的指数基金。当然，能代表美国市场的不只有这一种指数，例如，如果基金的规模足够大，交易员也可以复制罗素1000、2000或3000指数。

按照指数计算方式的方法划分，指数复制的过程和基金创建的过程也分为两种。如果复制的指数是按照价格加权计算的，那么交易员将购买标的指数中的每一个成分股，且股数相同。这个新组建的投资组合的价格将随着各个成分股价格变化的总和而变化，也就是随着价格加权指数的变化而变化。在建仓后的大多数时间里，指数型基金只需要持有，并不需要调整。当指数的成分股有退出或增加的情况时，指数基金也要同时进行相应的调整。例如，纳斯达克100指数要剔除苹果公司而换入特斯拉——如果特斯拉已经上市的话，复制纳斯达克100指数的交易员，必须卖出苹果公司，并用所得现金按比例买入特斯拉。

复制市值加权指数也同样简单。如果标的指数的某个成分股市值是指数的1%，那么交易员就用基金中1%的现金购买这只成分股。以此类推，交易员按比例买入指数中所有成分股以完成建仓。因此，基金总价值的变化将随着各个成分股价值变化的总和而变化，也就是随着价值加权指数的变化而变化。同样，只有当指数中的成分股需要替换时，交易员才需要大规模交易，大多数时间交易员只需持有各个成分股。

虽然从理论上讲，指数复制过程很简单，但是指数型基金还是有一些技术难点需要读者特别注意的，其中最重要的一个就是跟踪误差（Tracking Error）。跟踪误差是指基金回报与指数回报的差距，这里的指数回报是经过现金分红调整后的总回报。指数型基金通常在以下交易活动中会出现较大的跟踪误差。

首先，建仓过程会加大跟踪误差。就像笔者前面描述的那样，从理论上讲，建仓过程很简单看不出任何产生跟踪误差的来源。但是在实际操作过程中，建仓时的交易是跟踪误差的主要来源。在有关流动性的章节中，我们讨论过流动性对市场的影响以及对交易价格的最终影响。如果，一只股票的流动性不能满足建仓时的交易量，势必会加大交易对市场的瞬时影响，许多投机交易员和有效交易员会利用这个机会获利，从而进一步增大基金交易员的交易成本。如果将建仓时间拉长以减小交易对市场的影响，建仓时机的选择又不能得到保证，同样会加大跟踪误差。例如，在复制标准普尔 500 的过程中，如果基金的规模过大，一只市值较小的成分股的日平均交易量很可能满足不了建仓时的需求。强行交易必然会对市场造成很大的冲击，交易成本的增加也就意味着跟踪误差的增加。

指数中成分股组成发生的变化也是跟踪误差的来源之一。指数，特别是市值加权指数，会根据成分股的市值变化或其他原因重新调整权重。不同的指数，其调整的频率和时间也不尽相同。例如标准普尔 500 指数是一季度调整一次，而罗素 3000 指数是在每年的年中调整一次。无论是权重的增加或减少，或者说个股的剔除与加入，只要有变化，交易员就要及时作出调整，以减少跟踪误差。但是在实际交易中，往往事与愿违。试想，如果成百上千或更多的交易员在同一时间减仓一只股票，又同一时间加仓另一只股票，交易员对流动性的需求必然会把股价推得过高或过低，跟踪误差必然加大。

罗素指数是为了更好地衡量投资回报而设计的指数，始创于 1984 年。它先把所有在美国上市的公司按流通市值大小依次排列以便组成指数。比较知名的罗素 3000 指数包含流通市值最大的前 3000 家公司，基本上代表了美国股票市场；这 3000 家公司中，前 1000 家公司组成了罗素 1000 指数，基本上代表了所有的大市值公司；而后 2000 家公司组成了罗素 2000 指数，代表了小盘股范畴。如果有新的公司上市，罗素指数每一个季度将新股票加入到标的池中，并按市值排序，以待每年的指数调整时加入到相应指数当中。这个标的池基本包含了美国股票市场上 99% 的市值，它刨去了票面价格 1 美元以下的股票、在 pink sheets 和 OTC Bulletin Board 上交易的股票、封闭式共同基金、ADR 和其他不被定义为美国公司的股票。

罗素指数每年6月会有一次指数调整。那些被退市的股票和发生收购合并的公司不会马上出现或消失在指数中，都是在一年一度的指数调整过程中被添加或删减。因此，规模庞大的指数基金在作调整时，势必引起很大的市场波动。指数调整被安排在每年6月的最后一个周五收市后。历史数据显示，在这一天收市前的几秒钟内，纽约证券交易所和纳斯达克证券交易所会出现巨幅交易量。针对这种情况，许多对冲基金会制定交易策略提前预测指数调整范围和被调整的标的。如果交易员能够准确地预测到移进或移出的股票并且尽量早地建仓的话，那么信息的不对称性会使交易的盈利空间加大。当然，准确计算和分析几千只股票没那么容易。除了市值的计算之外，其他因素也影响着指数的最终调整结果：如果中盘股票业绩表现抢眼，会明显降低小盘股流入大盘股指数的数量。如果公司利润增速放缓，成长型股票很可能被移出而价值型股票被移进。一旦成长股被移出指数，它们的股价会变得很脆弱，波幅会非常大。对于那些跨国公司的投资者来说，他们还要考虑可能出现的因为全球经济所引发的联动式波动性，这也可能使股票被调入或被移出指数，例如能源和原材料公司。

指数型基金在一些时候也会因为一些运营上的失误造成跟踪误差。例如，每个公司一年都至少会有一次的公司行为：分红、股东决议、行权选择等。在同等条件下，如果某个指数成分股较少的话，人为的操作失误自然会降到最低。但是如果数额巨大，例如罗素3000，即使我们按照每家上市公司一年一次的公司行为来估算，基金的运营人员在每个交易日都要面对十几到二十几家公司同时发出的公司行为通知。只要错过其中的任何一个有关现金或影响最终该股收益的公司行为，跟踪误差肯定会增大。

再有就是现金管理，这可能是所有基金面临的问题，但是在指数型基金里尤为重要。当交易员按照指数权重比例购买成分股时，基金的所有现金都不可能百分之百地用于复制指数，最终都会留下一部分现金。这部分现金的操作给指数型基金带来了一定的困难：不做操作，很可能造成现金的收益无法跟上指数的收益；过多的交易，又会使成本不断地增加，同样会增加跟踪误差。

本章总结

指数型交易产品是以指数为标的物的金融投资工具，它是标的指数的衍生产品。这些产品所涉及的范围非常广泛，其中指数产品的形式包括指数基金、指数期权、指数期货，而指数涉及的资产类别还包括股票、债券、大宗商品和其他另类投资产品。指数型交易产品的诞生无非是为了方便投资与交易，降低投资与交易的成本。从市场的实际运作效果来看，这种重要的金融产品更有效地、成本更低地满足了投资者和融资者的需求。

从投资风格来看，指数型交易产品可以分为增强型投资和被动式投资。前者主要通过证券选择、资产配置和市场时机选择等手段，希望找到被市场低估或高估的证券，以此来获得高于市场平均收益的超额收益；后者则认为市场是有效的，在不可能系统性地获得超额收益的情况下，不如通过持有或跟踪市场指数来获得市场平均收益。这就是"指数化"投资的基本思想。基于这种思想，市场上产生了指数基金等指数交易型产品。

从交易的角度看，指数产品的交易过程是一个风险和收益重新分配的过程，不同的交易员有不同的收益要求、风险偏好、资金需求、税收等个性化因素。为了有效满足交易员的需求，需要有不同风险与收益组合的投资工具，而指数期货、期权、各类指数票据的出现都是为了在交易员之间重新分配风险与收益。这会极大提高市场的交易效率。另外，当个别交易员自行建立避险仓位、可能面临着较高成本时，通过应用指数交易产品他们可以降低避险成本。

当然，指数产品的交易用途和投资用途并不是完全分开的，一种指数产品往往有多种用途交织在一起。其根本原则就是更好地满足投资需求、增加风险与收益组合的多样性、降低交易成本。

第四章

交易流程

流程是针对人设计的。

还是讲一个惨痛的交易案例吧,人们总会对悲剧记忆深刻。

20世纪60年代,一位美国青年库克在接管了父亲的生意之后,又成功地收购了一家比自己公司大三倍的企业,一系列的成功使他意气风发。更让他一鸣惊人的是,1972年他第一次将大豆卖给苏联人,总值2.25亿美元。而后,他的利润又从1972年的360万美元突增到1974年的4620万美元。

在顺风顺水的日子里,他总是大赚特赚:大豆价格在几个月内就从3.40美元/蒲式耳涨到13美元/蒲式耳(对于大豆来说,1蒲式耳大约等于27千克),仅此一项就使库克赚到1000万美元;与此同时,囤积大豆的商人们又将谷仓的租金从10美分/蒲式耳哄抬到75美分/蒲式耳,库克将他所有的仓库放租出去，又大赚了一笔。

令库克失败的并不是他对市场的判断和他的交易策略，而是交易过程中的细节。在交易完成后的实物交收过程中，他被指控在日常作业中蓄意短装和混级装运。这在实物期货交易过程中是一个非常严重的错误，并违反了基本的交易规则和道德准则（期货合约中明确规定产品的质量等级、重量要求等细节）。如果运货目的地港口的装备非常现代化并且比较精确，那么他运抵的谷物比指明数量可能会少装一个百分点的八分之一；而如果港口装备比较落后、没那么精准，那么他们的货物则可能会少装 1.5 个百分点。比例虽小，但是几批粮船累积下来，数量也非常可观。美国政府对所有涉案的大出口商施以严厉的惩罚。牵涉的公司都表示服罪并接受惩罚，一些积极参与这种盗窃犯罪的人员被判有罪并被投入监狱。没有证据表明库克本人也卷入其中，但是库克的公司确实有所参与。大量针对库克公司的诉讼被提出，其中一件的罚款高达 2400 万美元。

这则新闻导致库克公司的股价直线下落，直跌到发行价的一半以下。交易产生的亏损超过了发行股票的收入，库克被迫出让资产。

然而这只是噩梦的开始。在绝望中，库克企图孤注一掷东山再起。他又转回期货市场。他卖空，亏损产生了。于是他再次卖空，亏损再次产生。他投入的资金越多，亏损发生的越大。交易不顺时，停下来冷静一下换换运气有时十分必要。但是库克没有退出，他选择继续玩下去。不管他怎样卖空，都只是越陷越深。没有人确切地掌握他投入市场中的具体金额，但是市场清楚地看到库克最终血本无归。如果库克对自己公司的货物交收过程和交易细节有一个明确的规定或原则，他的损失肯定会大大减少。

第四章 交易流程

人是金融交易市场中交易的主体，不管计算机和人工智能发展到何种地步，至少我们目前看不到电子交易系统在交易中完全取代人作为主体的可能性，机器更多的是辅助交易员更好地完成交易。人的思维和情绪会贯穿于整个交易流程中，交易的参与者很有必要遵守整个流程和规则以保证交易操作的有效性。这个流程就像人们之间事先商量好的协议，在这个协议框架之上，参与者的一切行为才会被认可。人们的贪婪和恐惧心理会对交易行为产生很多不确定的影响，但是客观的操作流程永远是清晰明确的。

4.1 投资交易流程

在一个完整的投资交易流程中（如图 4-1 所示），如果我们把每个关键步骤或功能模块化并且一一梳理，无论进行哪种资产交易，它的核心流程一般都可以简化如下。

1. 投资研究

投资者对投资标的的价值有着不同的看法。他们通过各自的投资理念、投资逻辑和投资模型完成对不同资产的分析研究。机构投资者普遍会拥有一个专业化的投资研究团队。投资研究部分不是本书的重点，这里不多赘述。

2. 投资想法产生（交易单产生）

这一步取决于投研团队与交易团队的沟通。分析员对投资目标进行充分研究后，告知交易员自己的投资想法和投资理念；交易员会参考分析员

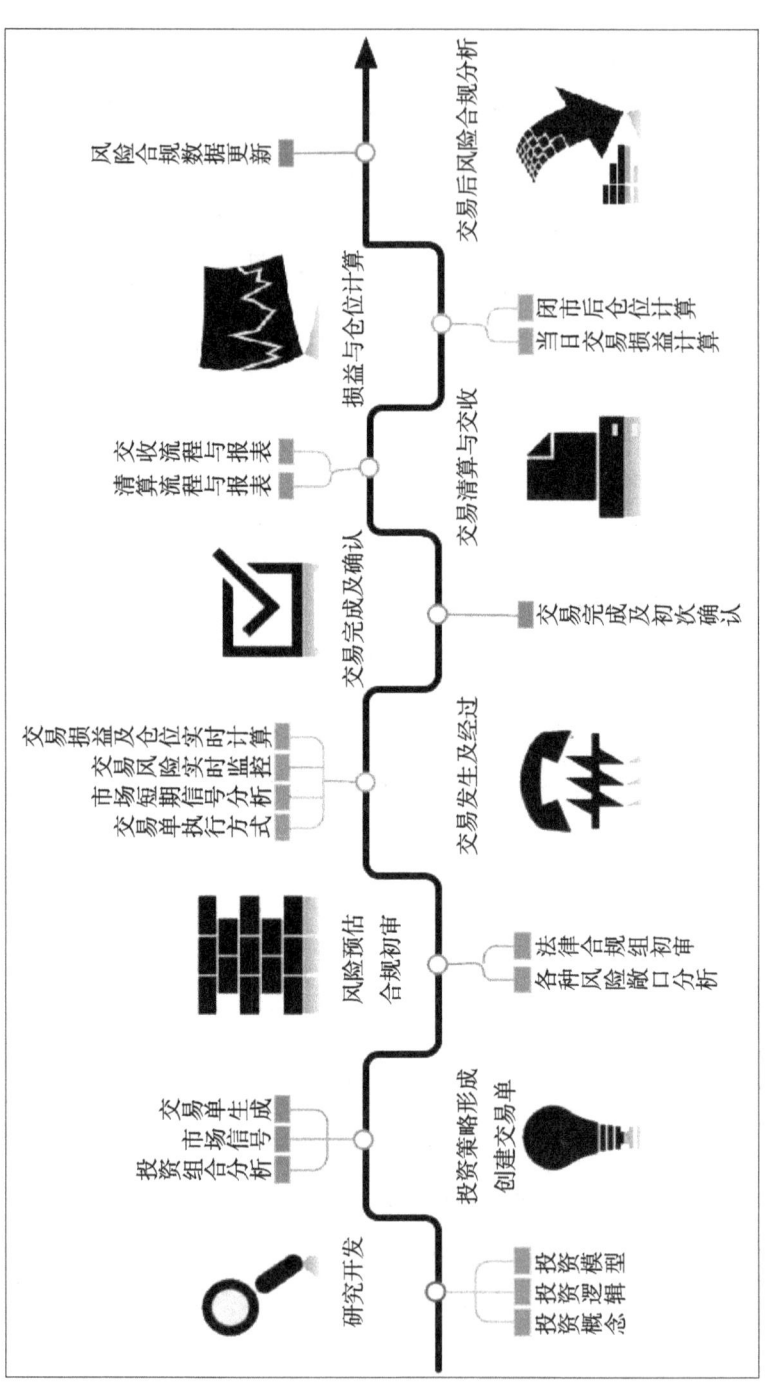

图 4-1 投资交易流程

的研究，结合市场的中短期信号，建议投资团队产生交易的形式，并发出交易单。

3. 风险预估，合规初审

交易单在送达交易团队之前，风险控制团队会从投资组合整体的角度出发，根据既定投资指引，系统地检查各项风险因素和指标；法律合规团队同时审慎地核查每个交易单的合规有效性。这里的核查全部为预估与预判断，不能取代交易后的风险合规审查。只有通过初步审核，才可进行交易。

4. 交易发生及交易过程

这部分主要由交易团队来负责。交易产品的种类和执行的方式在前面已经有过非常详尽的阐述。

5. 交易完成确认

这是交易完成之后的第一次确认。主要是双方交易员的相互确认。确认内容包括交易产品、最终交易价格、交易数量、佣金和交易费用、交易日和结算日等。

6. 前台损益计算

交易团队根据每天的交易情况会有一个实时的损益计算表。这个损益表将与中后台计算出的损益表以及托管行计算的损益表进行核对，以免发生纰漏——交易执行三方（交易前台、中后台和托管行）都应该匹配一致或相互认同。

7. 交易清算，仓位变化

投资运营团队负责交易后的现金与证券交割。交割的时间会根据不同的市场有不同的时限。根据清算情况，投资运营团队会最终确认仓位的变化。

8. 中后台损益计算

这里的损益计算是由中后台计算后得出的。主要是由风险团队或投资运营团队计算的。中后台计算损益的目的与前台计算损益的目的是不一样的，或者说侧重点是不一样的。前台（投资研究团队、交易团队）主要是为了随时关注投资组合的收益与亏损，更加关注投资效益；而中后台（风险管理团队和投资运营团队）计算的损益更加关注投资组合中风险参数的变化、操作风险、交易的费用以及清算最终顺利与否。

9. 交易后风险合规检验，并更新风险合规数据

在清算交割完成后，仓位变化最终形成，风险管理团队和法律合规团队根据最终交易数据更新风险参数，确认交易合规。这一步将直接影响下一次的投资。

4.2　对交易流程的简单描述

有一位在业内的朋友从 15 岁开始就接触交易，在市场摸爬滚打了几十年，无数次的大起大落让他越来越敬畏市场。他在向朋友和市场新手谈论交易经验时有一个很好的比喻：跟没有市场经验的人讨论交易就相当于向没有谈过恋爱的人传授恋爱技巧；向交易新手提示市场风险就如同向正在初恋中热恋阶段的人告知他们终将分手——都是吃力不讨好。经过无数次失败的磨砺，他总结出许多看似简单的道理。总而言之，面对过多的市场信息，尽量减少噪声；而对繁复的交易来说，尽量简化过程。

大多数交易员采取的方式都是委托交易或者 DMA 交易（算法交易）。在交易发生的过程中，我们可以用网络通信握手协议的方式，将交易过程简单定义如下（如图 4-2 所示）。

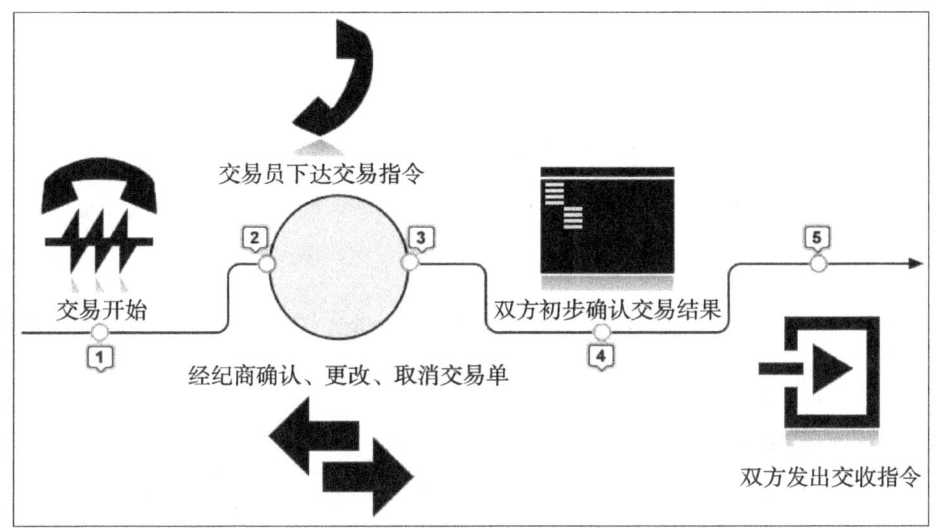

图 4-2　交易过程的简要描述

（1）买方交易员发起交易，主要形式为将交易指令委托给经纪商；

（2）经纪商接到交易指令并确认，确认的方式可以是复述交易指令；

（3）买方交易员和经纪商双方可以多次交换交易信息或者更改交易指令，每次更改都是依据步骤（1）和（2）；

（4）交易结束时，经纪商向买方交易员发回交易结果；

（5）买方交易员方确认交易结果无误后，双方分别通知各自的中、后台进行交易结算。

如果是算法交易或 DMA 交易，这个握手协议可以省略与经纪商的交流过程。整个过程大同小异，与买方交易员的握手方可以直接是卖方的交易系统。

4.3 交收流程

如果把清算、交收和结算这几个术语放在一起，我想没有几个人能够说清楚它们的区别，就连专业人士也常常把它们混为一谈。清算对应的英文单词为"Clearing"，交收对应的英文单词为"Settlement"，整个后端业务可以划分成以上这两部分；如果将二者合起来，中文的名称为"结算"。但是很不幸的是，人们经常把"Clearing"直接翻译为"结算"，以至于清算、交收和结算在概念上屡有混淆。

清算是指从一个交易达成约定（Commitment）到交收（Settlement）之前的所有动作，也就是从成交之后到一手交钱一手交货之前的所有动作。流程上通常被分割为：交易后处理（Post-trading），交收前处理（Pre-settlement）和信贷披露（Credit Exposure）三个部分。这些流程主要用来保证当买方或者卖方可能无力偿付时，交易仍能按照市场规则结清。具体操作包括报表（Reporting）、监控（Monitoring）、风险边际控制（Risk Margin）、合并交易（Netting of Trades to Single Positions）、税收处理（Tax Handling）和失败处理（Failure Handling）。

"交收"一词本身引用于法律用语，表示财产的授让或转授。这个词在具体流程上表示为证券的交付（Deliver）过程，通常与现金同时反方向进行，以满足合同约定。因此，清算是一系列准备工作而且并不发生财产实际转移，但是交收发生财产的实际转移。

第四章
交易流程

在 20 世纪证券本身并未全部"电子化"的时候,纸质证券仍在使用,从交易完成到纸质证券完成交付之前可能需要几个交易日。1960 年,美国证券市场爆发了"Paperwork Crisis",起因就是因为实物证券转移交割的烦琐手续和巨大的人力成本,迫使交易所停止交易几天,以便完成积压的大量结算工作。为了化解这次操作危机,美国开始了真正的证券无纸化流程,即将实物证券集中存放在中央证券存管机构——先后成立了 DTC(Depository Trust Company)和 DTCC(Depository Trust & Clearing Corporation)。这些机构通过计算机系统设立证券账户,以电子形式记录持有人证券的保管信息,实现了证券无纸化和非物理转移的流程。

即便如此,在 1987 年的股灾中,上述改进都于事无补。在股价极速暴跌的那一周,世界几乎所有的交易所都规定了交易限制,让计算机系统有足够的时间完成结算工作。许多投资者在头破血流的止损卖出中,发现交收失败最终导致他们的交易被迫取消——这如同在市场中裸奔,因为你根本不知道交易是否能够最终实现。这一现象促使了两年后电子化清算和交收里程碑般地出现。一个由 30 名国际金融权威人士组成的非营利咨询小组撰写了一份报告,报告中的 9 条建议规划出了进一步提高交收效率的蓝图。其关于证券托管结算体系建设的建议,尤其是建立中央证券托管机构和实现结算券款兑付的建议,得到了国际市场的普遍认同,各国纷纷根据这个报告的标准建立了自己的中央托管机构和清算结算体系。到了 2003 年,该小组再次发表的《Clearing and Settlement:A Plan of Action》号召全球所有证券市场共同研究交易后清算和结算处理问题,建议各国加强国际合作、完善托管清算机构治理结构、强化风险控制。目前的电子交收系统中,电子交收只发生在成员之间,如果非成员希望参与交收,必须通过一个成员作为托管方。电子化交收解决了许多传统问题，例如，交收双方的地位均等和结算风险问题，从而使得证券的交付与现金的收取可以同时进行，英文的术语为 DVP（Deliver Versus Payment）。

随着电子交收的出现，第三方存管制度也出现了，它的另外一个优点是把交易参与者的交易结算资金统一交由第三方存管机构存管，在技术上更好地保护了参与者的资金。存管银行只将交易参与者的资金数据传送给证券公司，而实际资金仍然在存管银行中，待交易发生后，存管银行再将交易参与者的资金与证券公司结算，从而使得其资金封闭运行。在这个托管账户中存在好几个账户以方便操作：交易员在存管银行中有一个资金账户，而在每个开户交易的券商中会有一个对应的资金账户，这些账户之间实时保持更新一致的。券商开设的资金账户会与交易员的交易账户建立实时对应关系，这个交易账户会详细记录交易结算资金变动的明细。因此，整个资金结算的过程就是从交易账户汇总，再到券商对应的资金账户汇总，最后到存管银行汇总并实现划付的。

在交易市场关闭之后，券商与存管银行互换对账文件，各自把接口文件与系统内数据进行逐笔对账，并互换对账结果确认文件。券商在对交易清算交收完成之后，将一系列清算交收文件发至存管银行。这些文件是券商完成日终清算及对客户的资金清算后，汇总轧差计算存管银行下一交收日到期应收或者应付的款项，以及向存管银行发送存管银行资金交收汇总的文件。然后，在下一交收日的上午，向存管银行发出资金划转指令，由存管银行根据指令进行资金的划转。

4.4 服务于交易的系统

在有了投资交易流程这个骨架后,各种投资管理系统,交易系统平台,中后台系统(风险合规检测系统、交易清算系统、现金管理系统)和投资信息平台都是服务于该流程的。正如图4-3所示,我们把各种相关系统嵌入投资流程。

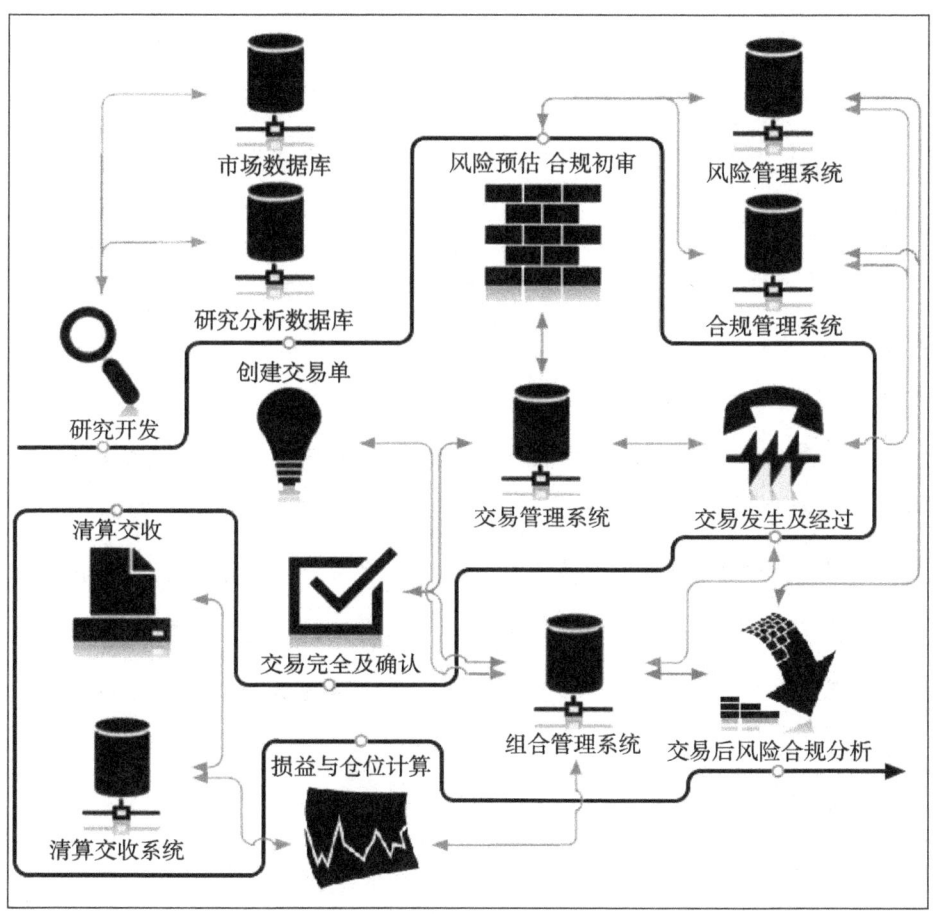

图4-3 一笔交易从产生到最终完成所涉及的主要功能模块和系统模块

投资研究团队使用的系统主要包括市场信息数据、新闻和研究资料数据库。当投资研究团队产生投资想法时，基金经理或研究员在组合管理系统中输入交易单。例如，买入IBM 10万股现价。组合管理系统中会有一个非常友好而且清晰的界面完成投资指令的录入，并生成交易单。

交易单在送到交易管理系统之前，要分别经过风险管理系统和合规管理系统，判断该交易单是否有效。这个检查过程通常是自动的，通过事先设置好的一些参数来过滤。如果交易单审核没有被通过，交易单会返回到组合管理系统中，并提示投资研究团队。由于这一步骤只是初审，交易单中的数据暂时不会更改风险管理系统和合规管理系统中的数据。

初审通过后交易单到达交易管理系统，交易员首先凭借经验检验交易单的有效性，以防止一些低级的操作风险。例如，原本限价在35元左右，但由于输入有误变成了350元，或者明显交易方向是买入但是输错成卖出。这些都是风险管理系统和合规管理系统无法查出的。当然不能指望交易员每次都能查出这类错误，关键是在于下单时的准确性。

交易单由交易员通过交易管理系统发给交易对手。交易系统会提供多种方式将交易单发给交易对手，主要是按照交易类别划分——我们在交易种类中有较详细的介绍。交易员可以通过交易系统或其他通信系统下达交易指令并及时更新信息、交易结果和进行交易确认。这一过程可以通过交易系统完成，并配以其他的辅助交易通信系统来完成——例如电话、聊天室、电子邮件和传真等。

交易系统最主要的功能是提供交易单的细节、交易方式以及交易的全过程。交易单的细节就是交易的一些基本信息，包括交易方向、数量、价格、交易开始和结束的时间、交易员信息、账户信息等。这些基本信息可以在交易系统的界面中被很方便地获取。通过电子交易系统，交易员还可以根据不同的市场情况、交易产品的特殊性，在不违反法律合规以及投资风险指引的前提下，选择最为合适的交易方式——例如我们在交易方式的介绍中提到的高附加值交易、算法交易、大宗交易等。

交易系统还提供了交易全过程的记录，主要包含两类内容。第一，当一笔交易规模较大时，在实际操作过程中（尤其是在公开市场中）交易员将该笔交易划分成对市场影响较小的若干笔交易。整个交易的完成就是由这些规模较小的交易积累完成的。在这个过程中，每个被划分的交易的具体细节都有电子交易系统记录；另一部分交易的内容是交易员之间的对话、聊天记录和电子邮件。一些友好的交易系统同时也会提供上面提及的各种交易通信服务。

一旦交易在交易系统中完成并得到了交易员双方的确认之后，双方交易员就可将完成的交易发送至中后台进行清算。

清算完成后，组合管理系统中的仓位将发生最终变化。投资运营团队会根据仓位和市场的情况计算当天损益。投资运营团队也会确认托管行发出的交易记录。托管行以此为据计算出该行托管组合的损益。这样综合三方的损益表——前台交易或投研团队、投资运营团队和托管行，进行最终核对。核对无误后，将按照核对结果更新风险数据库和法律合规数据库。上述操作对下一步的投资至关重要。

图 4-3 详细地描述了从一个投资想法的产生到创建交易单，到交易完成，再到清算交割和相关数据库的更新的流程——一笔交易的全部流程。

本章总结

我很喜欢历史。《明史》中有很长的一段篇幅用来详细描述明朝开国皇帝朱元璋对工作流程和细节的高标准、严要求。其他的历史功绩我们暂且不表，朱元璋是中国历史上少有的勤奋皇帝之一。吴晗先生统计过，从洪武十七年（1384年）九月十四日到二十一日，仅仅8天内，朱元璋收到了1666件公文，合计3391件事，平均每天要看200份文件，处理400件事情。这些都是他本人要亲自办理或批注的。他制定了非常完备的社会制度和工作流程，包括户籍制度、流动人口管理、公务行政流程，甚至街道清洁工序——如何打扫街道等。

如果以打天下的功夫说事，朱元璋不是中国最厉害的。他的厉害之处在于开国之后的治国，特别是精益治国。我们举例来说，有两个制度是朱元璋设计的，至今我们对它们依然耳熟能详。户口制度是朱元璋最先设计出来的，其周密和详细的程度使其得以沿用至今。户口簿上要写明家庭人口数量，详细填写各家庭成员的姓名、性别、职业、年龄以及田产等基本信息。如有细微改变，都要及时和如实地反映在户口簿上。介绍信也是朱元璋发明的。普通百姓出门借宿都需要登记，这在非常清晰的户籍制度上不难实现。介绍信上写明出行人员的姓名、户口所在地、从事的职业、出发地和目的地，还需要当地政府的审核加印。不仅如此，朱元璋把明朝大大小小的工作流程梳理了一遍，尽量使社会各阶层有章可循。特别是对政府和军队的管理尤为严明，很快就使国库充实，军威远扬。因此后朝给予了朱元璋很高的评价：理政"治隆唐宋"，拓土"远迈汉唐"。朱元璋有可能是我国历朝历代最牛的工作流程制定者。

与治国相比，交易流程的制定不是多么庞大的工程，也未必需要多么杰出的人才，但是其作用不言而喻，设计者一定要在精、细、准上下足功夫。

第五章

交易系统

系统是针对流程设计的。

当交易以毫秒为单位完成时,当监管政策根据市场情况不停地发生变化时,当交易参与者需要更多的市场透明度和个性化服务时,金融机构越来越需要交易系统来保证交易运营的高效化、合规化和市场化。建立和维护一套完善的交易系统需要大量的人力物力支持,而交易的前、中、后台的无纸化过程是交易系统发展的必然趋势。从交易市场的对接、交易数据的收集到交易单管理系统、执行系统再到设备托管交易服务、网络通信服务,交易系统在短短几十年中的演变非常迅速而且高效。它在不断完善电子化交易的同时,也助推了世界金融市场的全球化和信息化。

如果以交易额总量计算,外汇市场的交易额要远远高于证券市场和股票市场交易额的总和。这是工业全球化和金融全球化的一个很好的体现。

国际货币交易的参与者大部分都是各国的央行、银行和其他金融机构，交易员通过各种交易终端、交易工具和交易系统参与到日常的报价和交易中来。这样一个看似复杂、凌乱但又相对统一、有序的交易系统并没有一个固定的物理场所；当全球货币交易总额每天在 4 万亿美元左右时，没有一个机构或个人能够真正操纵市场，市场反而变得很公平透明；在这个底层交易结构很混沌而在上层操作表现得又相对有效的庞大交易系统中，交易系统的多样性和兼容性体现得淋漓尽致。针对国际货币交易市场这种数量级的交易量，读者可以想象交易系统的稳定性、速度、效率和可兼容性是多么的重要。

笔者试着将交易系统的几个突出功能和趋势总结如下：

- 通过最低延迟网络与交易市场对接，包括连接必要的交易数据中心；

- 进行必要的交易策略优化来适应市场变化并且降低交易成本；

- 提高交易系统的整体透明度——包括交易流程、网络通信和运营效率，从而简化系统监控、维护调试、纠错和扩充功能等实时操作；

- 提高系统对各种交易模型、通信技术、软件技术和硬件设置的兼容和自定义功能，从而进一步提高系统的弹性和稳定性；

- 随着网络科技和计算机科学的发展，在金融交易市场中心提供最先进的超低延迟通信技术，例如设备托管交易服务或者其他技术。

5.1 交易系统宏观架构

如果把交易看作是一个交易单从创建到完成的过程，我们就可以清晰地找到对于交易系统来说最重要的和最常用的一些必经步骤和功能模块。无论交易策略有多么复杂，它们之间的共性会勾勒出一个交易系统的基本框架。所有的交易实例来自于市场的细节：市场数据的变化会影响交易系统下单命令，因此它需要一个提供数据、信息和报价功能的模块；如何下单，使用何种策略，则需要一个分析风险/收益的功能模块；交易单的生成、送出、状态更新和最后的完结都需要一个功能模块来监督和控制。那么再结合计算机语言中的面向对象的设计逻辑（每个对象有清晰的功能和上下游关系），这些功能模块所一一对应的对象，就使交易系统的基本框架渐渐清晰起来。请见图5-1。

从交易单创建伊始，交易标的的资产特性、交易额大小、交易方向、限价和其他条件基本上就限定了交易方式或者交易策略。交易策略是通过将交易单通过算法交易拆分成子交易单来实现的。因此，交易单管理系统（Order Management System，简称OMS）模块管理着交易单的整个生命周期，它保存着所有具体信息并对交易单的状态给予及时更新；执行管理模块（Execution Management System，简称EMS），有的交易系统也称之为算法交易模块，控制着一系列子交易单的执行和相应的执行信息；还有专门的分析模块计算实时风险、盈亏、仓位敞口和与相应标的的比对；最后，当然还需要实时数据模块。

第五章 交易系统

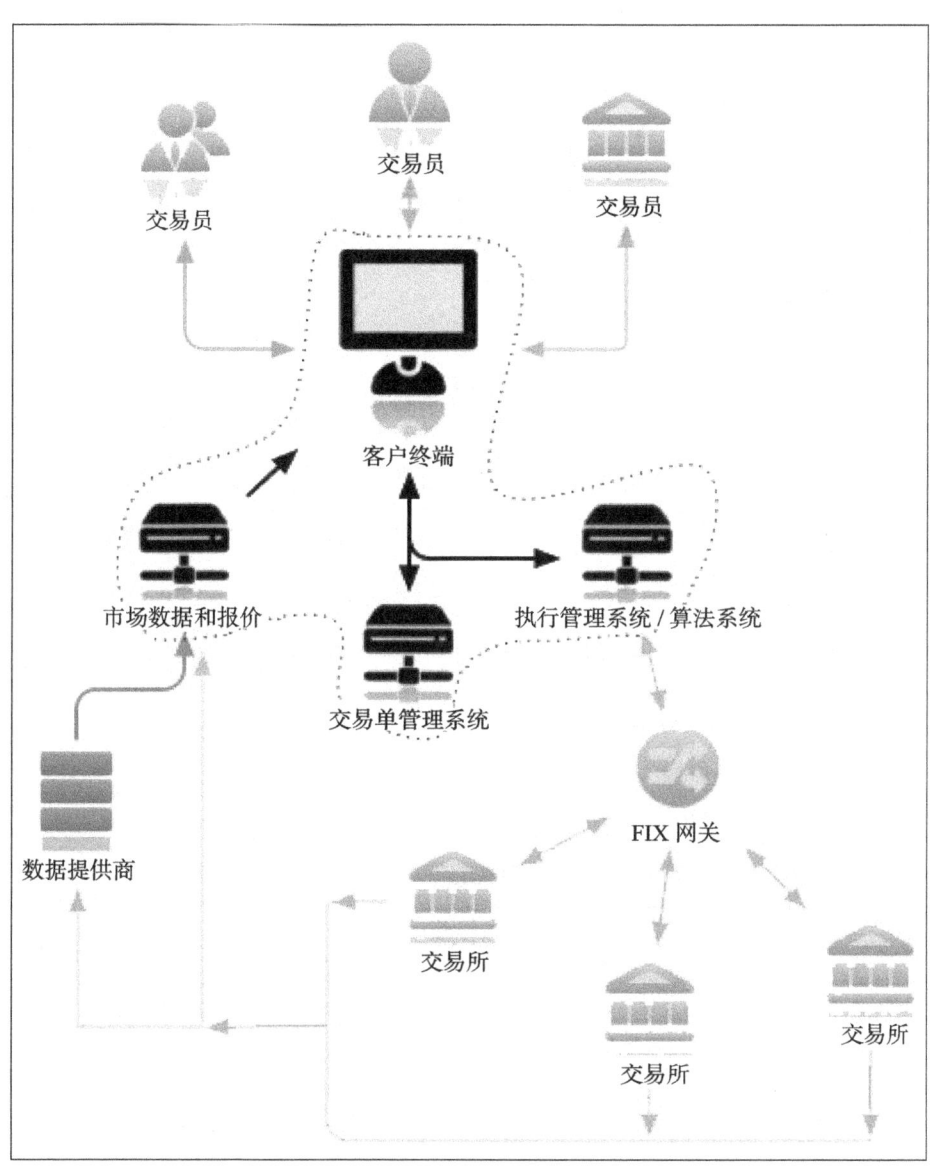

图 5-1 交易系统架构[1]

---

[1] 上端代表交易参与者;虚线范围内代表交易系统;左下是数据提供商;右下代表 FIX 协议及其连接的各交易场所。

事实上，搭建一个交易系统，特别是有算法交易功能的交易系统，要比我们描述得复杂得多，这里只是将极简的设计框架描绘出来，要不然一个真正的自营交易系统怎么会有 300 万行代码？

5.2 交易系统组成解析

现在很难考证第一个买方交易系统的出处了。我们猜测很可能是资金和人力雄厚的买方金融机构或者老牌的卖方投行。无论怎样，电子交易系统在短短的三四十年中发展迅速，已逐步成为较成熟的产业。特别是买方的交易系统，无论是横向可供选择的品牌还是纵伸的系统整合覆盖深度都有了突飞猛进的发展。笔者在本节将买方交易系统最重要的功能模块罗列出来，希望读者能够在此之上洞悉其运转骨架。

5.2.1 交易终端

交易终端（客户终端）起到使交易员与交易系统和市场交互的作用。通过交易终端，交易员可以使用交易系统的各个功能，同时也可以了解市场中发生的实时状况。终端以非常友好的方式将系统的具体功能、市场信息和交易状况呈现在交易员面前。

通常来说，根据交易参与者的使用习惯，交易系统提供给交易员一个可以下单并且收集市场信息和交易信息的窗口——交易界面和市场数据浏览界面。对于交易单来说，它在这个终端创建之后，再由服务器汇总，统一传递给下一系统。这类界面也可以看作是交易单管理系统和交易执行管理系统最前端的延伸，一般是由各种 API 接口拼装而成；而对于市场信息和数据来说，大量的数据流通过下级系统和数据库层层汇总到数据界面，供交易员选择和参考。

友好的操作界面、便捷人性化的服务和个性化的自定义功能是这一层系统的主要任务，这些都是通过分析大量交易员的交易行为数据而总结出来的。为了方便交易员之间的交流，交易界面系统中逐渐加入了具有社交功能的软件，例如聊天室。

5.2.2 数据信息

交易数据和市场信息是交易员最感兴趣的内容之一，它们包括宏观数据、行业数据、上市公司财务数据、上市公司公司行为数据、行情数据、新股发行数据等信息以及交易数据、基金会计核算数据等。这些数据的可靠性、完整性和及时性对交易员作出交易决策起着至关重要的作用。它们就好比交易员的各种感官，如果丧失这些数据，那么交易员无异于在巨大的交易市场中大海捞针。因此，具有完整的市场和交易数据的数据库或数据中心被认为是交易员不可缺少的交易工具，交易员希望通过友好的交易界面可以获得完整并且及时更新的市场数据和实时新闻。

准确及时的市场数据提供永远是一个非常重要的功能模块，对交易标的来说，只要有交易发生就需要及时的价格更新。交易员从交易数据提供者手上订购市场数据，根据不同需求，可以定制不同级别的数据（如图 5-2 所示）。一般来说，交易单列表（Order Book）中的数据越多，价格也就越贵：一级数据（Level 1）指的是相应标的的 Best Offer 和 Bid 报价；二级数据（Level 2）基本上包含了交易单列表中 10 层深度左右的报价和交易单情况，虽然交易单是经过整合的；有些交易所甚至提供三级数据

（Level 3），基本包含了交易单列表中的所有信息，但是无法提供隐藏交易单的信息。

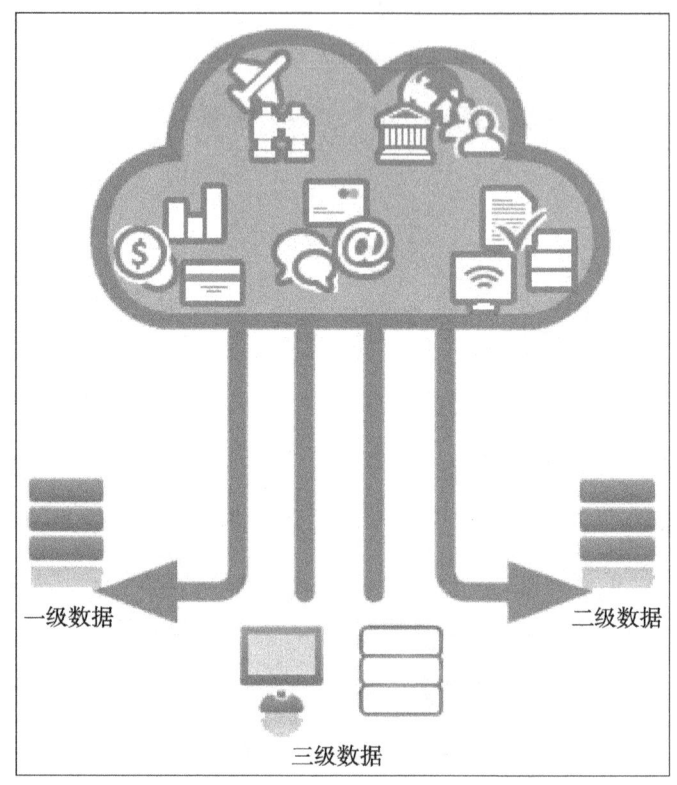

图 5-2　实时市场数据提供

当数据源多于一个的时候，交易系统需要将这些数据整合成一个大的交易单列表。例如，由于美国股票市场具有比较碎片化的特点，一只股票的报价可能来自多个交易所——纽约证券交易所、纳斯达克证券交易所、Island 等。当数据模块接收到这些数据后，需要将它们重新整理成一个完整的交易单列表。因此，速度对于这个模块来说是极为重要的。而且对一些突发事件，也要有相应的对策来调整交易单列表中的信息。除了价格和事件信息，交易量对某些算法交易也至关重要。例如，POV（交易量百分比算法交易）在执行过程中不停地计算历史交易量和实时交易量的变化。

数据模块还可以增加一些简单分析功能。例如，根据交易前后交易单列表的变化，来推断隐藏流动性。要提高对隐藏流动性的预判，一方面可以通过统计模型估算出隐藏流动性的概率，另一方面需要大量经验数据的积累。在不断更新的交易单列表中就可以加入对隐藏流动性的估算，这对以流动性驱动为主的交易策略非常有效。

5.2.3 交易单管理系统

交易单管理系统对外与交易所的系统对接，与交易员的交易终端对接，对内作为核心系统与其他各种系统对接。更新和维护交易单的各种状态——如"创建""下单""未成交"和"成交"等——是交易单管理系统最主要的功能，也就是俗称的"账本"功能。一个交易单的生命周期可以伴随着几次、十次、几十次或更多次的更新、查询或修改等操作。在创建交易单的时候，交易单管理系统主要记录以下信息：唯一识别 ID（用于识别资产种类——债券代码、股票代码、货币代码、商品期货代码或衍生品代码等），交易方向（买或卖），交易单总额，限价（如果不是市价单的话）和一些附加条件或者个性化条件。目前市场上比较流行的交易单管理系统都会在对交易单的控制能力上下足功夫，因此，交易单的附加条件和个性化设置是交易单管理系统在现今交易市场中不可或缺的功能。

根据市场的即时条件，交易单的状态除了"发出"（Routed）、"激活"（Active）、"取消"（Cancel）和"完成"（Filled）之外还衍生出了许多状态。

例如，交易单管理系统可以控制交易单从发出到到达交易所的时间，如果时间过长，交易单将自动取消；交易员还可以主动设置交易单何时到达交易所，也就是说根据交易策略的需要，交易单管理系统可以控制交易单在交易所出现的时间；交易单管理系统也可以控制交易单激活状态的时长，或者根据市场的情况来激活或取消交易单；对于交易单的完成进度交易单管理系统也可以提前设置并加以监控，交易单只能按照某种比例完成；或者当出现多个交易场所时，交易单管理系统可以指定交易单发送到其中一个交易场所。

因此，交易单管理系统中最重要的一个功能就是根据不同的市场条件实现对交易单的监控和管理。对于交易员来说，受欢迎的交易单管理系统都会有一个友好的用户界面以便用户创建交易单时输入各种参数。这是一个很实际的帮助——交易标的代码、价格和数量的便捷式输入，交易单类型和条件的快速设置，会加速交易单的生成，当然也会降低交易员人为失误的概率。如果这些参数的查询和设置能够更加智能化，那么这个交易单管理系统界面将会大受欢迎。例如，如果交易单发送到纽约证券交易所，这个股票的代码应该限制在三个或三个字母以下，以避免与纳斯达克证券交易所的股票代码混淆，从而错误地交易了纳斯达克证券交易所的股票。

特别是对执行直接市场介入交易和算法交易的交易单而言，交易单管理系统在创建交易单时对其有效性的认证显得更加重要。为了使这些在进入交易市场之前不需要任何人工拦截的交易单避免出现严重错误，创建交易单的界面应该随时验证交易员输入的参数的有效性。界面应该确定所有选项对指定的交易市场有效。交易员不是对每个市场的细枝末节都了如指掌，尤其是在监管层面，更应避免因一时的疏忽大意而引起不必要的麻烦。

还有一点应该注意的是我们常说的"乌龙指"（Fat Fingers）。这样的例子不胜枚举：对于2010年美国市场闪电崩盘（Flash Crash）的一种说法就是它是由某个华尔街自营团队乌龙指下单造成的。不管这些事件背后的真正原因是什么，乌龙指总是第一个被怀疑的对象，因此交易单管理系统中的交易单创建界面自然而然地承担起一部分核查功能。例如，对交易单的整体大小有一个上限设置，或者将交易单大小与标的的日均交易量有一个比较，以提示交易员可能出现的错误。

这个界面也应当具备在监控交易单时及时更改参数和状态的功能，当交易日结束时，交易单管理系统还可以进行交易的分配和相关报表的生成。

风控功能也是交易单管理系统的基本功能之一，系统中有相对完善的风险指标设定功能、权限设定和复核功能。同时交易单管理系统还有现金管理和有关交易操作的法律合规的"监控"功能，以及经常使用的计算实时盈亏和投资组合分析功能。

近年来世界各金融中心的监管法规逐步改进并完善，带来了交易业务合规的复杂化，无论是机构交易还是零售交易，无论是买方交易还是卖方交易，系统都需要建立对市场风险、信用风险、流动性风险、操作风险、合规与法律风险等进行全方位风险管理的系统。交易单管理系统中对合规规则的准确理解、及时更新以及合理设置对整个交易系统都是至关重要的。

交易员在使用交易单管理系统时，对于交易所的规定要了然于胸，例如交易模式是否是以定时召集进行的，交易单的设置和执行方法是否符合交易时段的规定，市场的熔断机制如何，交易中需要申报的要求和市场的行为准则等。结合以上这些基本常识，再加上交易单管理系统中一些相对简单的逻辑设定，可以避免许多不当操作。

组合头寸以及仓位情况对交易员实时了解投资收益情况至关重要。交易单管理系统可以对组合的仓位和头寸进行实时分析，对资产中不同类型资产配置情况进行风险测量、风险回报分析、业绩对比和业绩归因计算，对监管机构、委托人和公司内部规定的各种限额进行计算和监控，也可以展示多种维度的结果。

交易单管理系统中的投资组合管理功能是通过计算组合中各资产的风险来调整权重并使之与程序化交易系统对接来实现的，具有一定的决策支持功能。由于对市场的择时能力、行业配置能力以及具体标的筛选能力是投资者最关注的，所以系统设计时的主要指标体系也是按照这三个方面来建立的。

5.2.4 执行管理系统

执行管理系统，顾名思义是负责交易单的所有执行细节的，它从交易单管理系统接受交易单信息，再将执行的细节实时返回给交易单管理系统。执行管理模块中嵌入了算法交易，同时也会加入交易前分析和交易中实时成本分析功能，以方便执行算法的比较与选择。在交易单管理系统创建交易单的过程中，有部分选项是关于算法交易的参数设定，这些参数涉及了交易单被执行的细节。友好的界面会配合曲线和图形，将这些参数显示得更加直观化和容易理解。表 5-1 展示了交易单管理系统与执行管理系统的功能对比。

表 5-1　交易单管理系统与执行管理系统的功能对比

系统功能	具体功能	执行管理系统	交易单管理系统
交易单管理	创建、修改、更新、取消等	√	√
	实时监控	√	√
交易成本分析（TCA）	交易前分析	√	√
	交易后分析	√	
	交易中实时分析		√
风险合规分析	风险预估、合规初审	√	
	交易后风险合规数据	√	
	仓位敞口计算	√	
交易执行	算法和 DMA 执行		√
	FIX 数据	√	√
交易后操作	交易确认及分仓	√	
	发送结算指令	√	
投资组合管理	仓位损益计算	√	
	现金管理	√	

笔者之所以把执行管理系统这个模块单独列出来是因为越来越多的金融软件公司将算法交易的更新换代作为交易系统的一个主要功能和重要卖点。新的算法需要不间断的测试与反复修改，现有的算法需要不间断的参数设定更新，以适应千变万化的市场需要；为了吸引更多的交易员，软件公司还要不断地研究新的算法以击败竞争对手。

在交易单执行过程中，当交易单被送达指定交易市场或最优交易场所时，交易单中的细节将根据每个交易场所的特色和规则自动转化。在电子交易系统出现之前，交易员都是用语言、手势和面部表情来表达交易指令的，不同的交易规则只需要使用不同的手势和术语即可。而当电子交易系统出现之后，每个交易场所都有自己的软件接口和设定习惯。执行管理模块需要做的就是将交易员设定的技术细节转化成必要的可接受的形式。美国的交易场所特别是股票市场，由于历史原因而变得非常的碎片化，交易市场之间各种形式的转化和有效性变得尤为重要。好在金融软件工程师们设计了一套网络信息传输协议（Financial Information Exchange Protocol，简称FIX协议），尽可能将这些数据参数转化变得简单，将软件接口和规则的接入变得透明。

FIX协议最早是为股票市场设计的，它可以优化股票交易市场效率，特别是以交易单驱动（Order Driven）的市场。随着交易市场无纸化、电子化的推进，FIX协议支持的交易类别也从美国股票扩展到全球股票，固定收益证券（美国和欧洲的政府债、企业债和商业票据、美国市政债），外汇市场（现汇、远期和调期），货币市场（商业票据和回购）和衍生品市场（期货和期权）。

交易单的状态在FIX协议的帮助下也变得丰富多样起来。常用的交易单可以设置为"Day Order"（当日有效状态）和"Good-Till-Cancel Order"（长期有效状态）；在长单的基础上可以衍生出"Good-Till-Date Order"和"Good-Till-Crossing Order"（都属于长期有效状态，只是在特殊条件下解除）；与当日交易单相似的交易单状态设置还有几种即刻交易单状态（Immediate Or Cancel Order和Fill Or Kill Order），这些状态增加了对交易员意图自我保护的性质；针对交易所开市和闭市的集合竞价规则，又产生了开市状态（At the Opening）和闭市状态（At the Close），这也对交易的时间点有着明确的要求；还有根据交易所和流动性的特点设计相应的交易单状态，例如，针对黑池的交易单有"Good Through Crossing"和"At Crossing"状态。这些状态需要在FIX协议中的某个指定参数中做出特定标记。

既然 FIX 协议可以对交易单有特殊要求,那么它也可以说明交易单执行过程中的算法交易细节。图 5-3 展示的是 FIX 协议连接后的数据传输路径。就像我们前面介绍的那样,无论哪种算法交易,相关参数的设定都是比较精确和复杂的。例如,在最常用的交易量加权平均价格算法(Volume Weighted Average Price,简称 VWAP)中,交易员需要设置开始时间和结束时间、每个子交易单的交易量限制等。

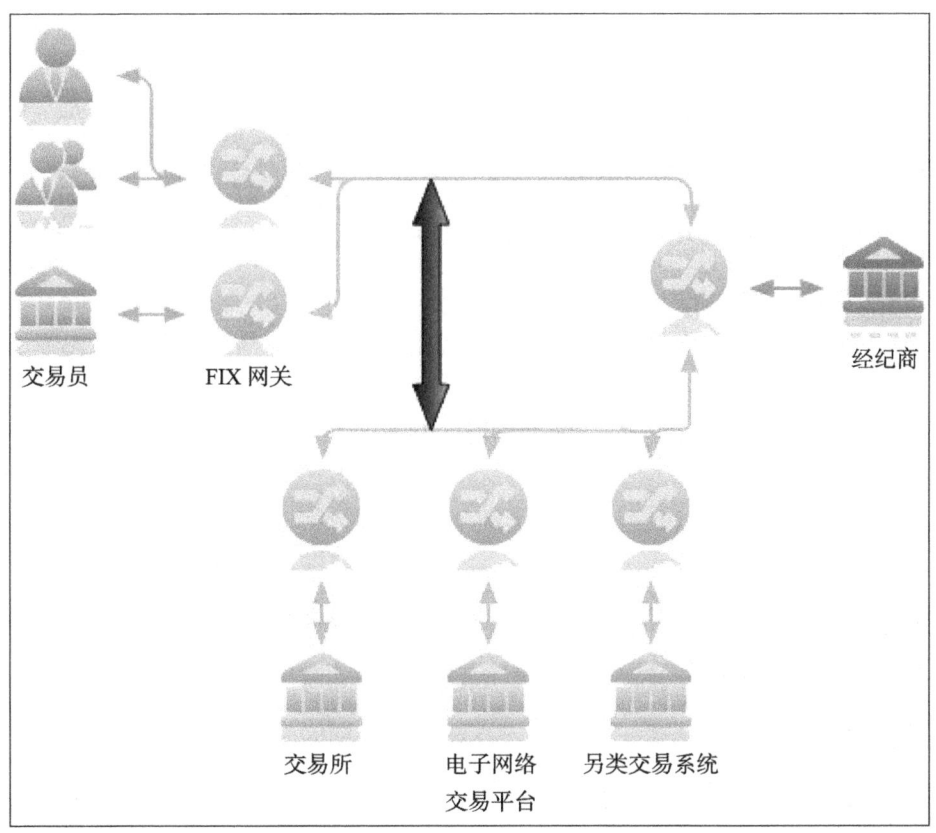

图 5-3 FIX 协议连接后的数据传输路径

交易终端连接交易所的最初方式是必须经过经纪商。虽然交易终端和交易所都有各自的接口（API），但是这些接口都只与经纪商的接口相连——交易终端先与不同券商的接口相连，券商再通过各个交易场所的接口相连。这个交易单传输路径非常简单而且也容易理解。但是当交易终端和交易场所增多时，作为中间人券商的系统连接和调试工作量迅速增加，反而变成了交易单传输路径上的瓶颈。于是，人们开始普遍采用FIX协议，并将各种接口标准化。交易员在与券商连接的同时也增加了与交易所直接相连的方式。

在执行管理模块的友好界面中，交易员可以随时监控交易单状态、更改交易单的状态、设置算法交易的执行细节。在目前的先进执行管理模块中，所有这些工作的后台都是由FIX协议支撑、标准化并完成数据传输的。同时这种标准化也方便了交易员随意切换算法交易、使用不同的经纪商和不同的交易市场。

5.3 对算法交易的系统支持

对于买方交易员来说，交易系统越来越多地增加了算法交易功能并大大加重了创新开发力度。这些增强功能主要体现在交易单管理系统、执行管理模块和数据服务模块上。由于这些设备还是以用户终端和服务器的传统模式出现的，交易系统特别是支持算法交易的交易系统都有强大的伺服器在后端给予支持：市场数据和报价由专门的市场数据服务器来提供，交易单的整个过程由交易单管理系统服务器来全程处理和监控，算法交易的服务器将上面两个功能的服务器协调、同步并互相配合，当然还少不了用于数据分析的伺服器，这些服务器专门进行实时数据分析、盈亏计算、历史数据的统计分析和最新交易策略的实际数据测试,还有一些交易系统针对大规模交易和投资组合交易增加了计算风险的伺服器,实时计算各种风险敞口。图 5-4 展示的是支持算法系统的交易系统宏观架构。

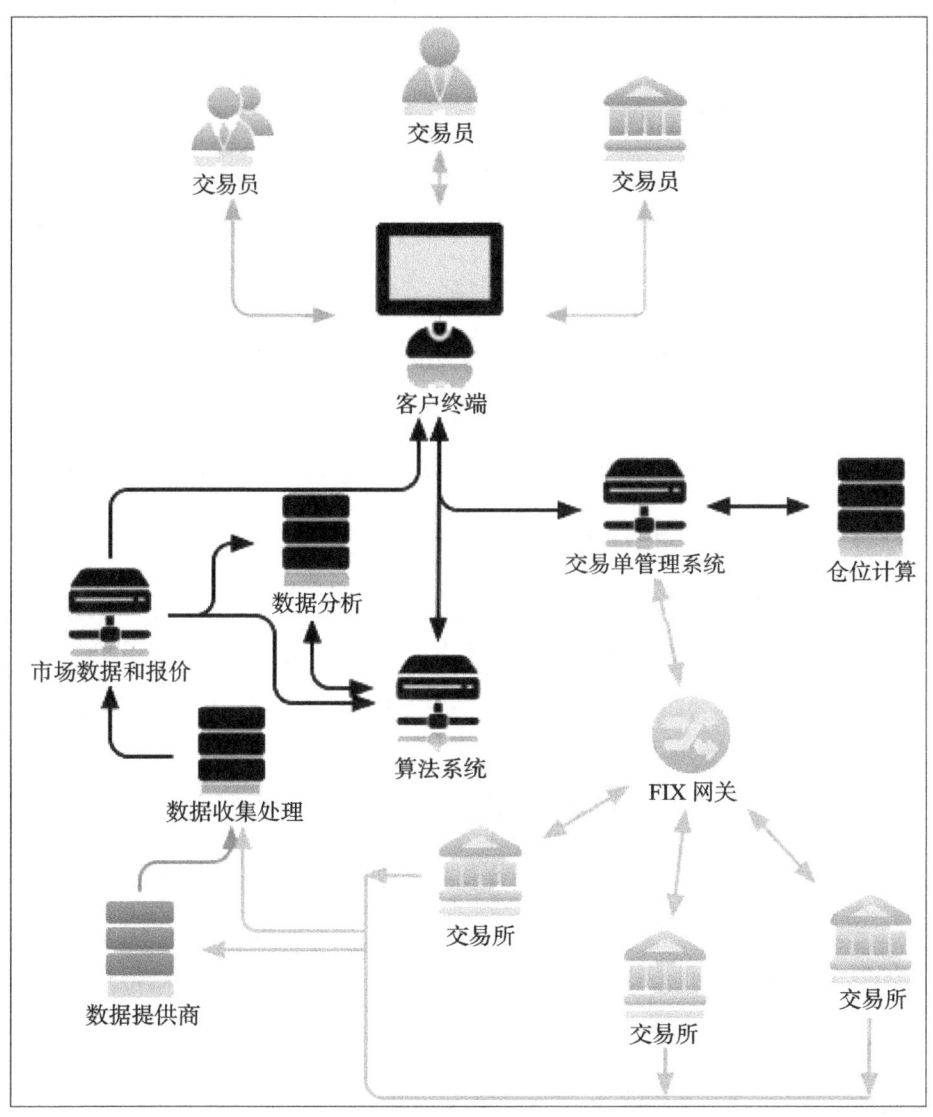

图 5-4　支持算法系统的交易系统宏观架构

我们在讨论电子交易和算法交易的时候，曾经提到过在早期发展阶段，只有较大的金融机构和投行券商投入很多资金和人力资源做研发。这种自主开发的交易系统无论是用于自营或者交易执行都需要将近十年以上的时间来不断完善设计、搭建框架、调试和改进。也许经过了三十多年的研发，金融工程师们已经有足够的经验将这个过程大大缩短。但是当其他人遇到了同样的问题，如提高交易系统的可靠性和可扩展性，还是要花费大量的人力、物力资源和时间去完成这一过程。

现在更多的计算机软件公司和互联网科技公司加入到研发交易系统的行业中来，它们以第三方的角色为金融行业中的买方或卖方提供很中立的建议。从技术角度来说，它们也提供了科技行业中最新的技术和理念，更专业地解决技术层面的问题。例如，在市场数据传输速度和准确度上，计算机和网络技术给予了很大的支持。从系统基本的架构和各个模块的运行方式上，技术上早就有了很坚实的支撑，这些第三方金融系统研发公司很好地把这些科技带进了金融业，并且为算法交易或者更高频的交易策略提供了逐步演进的可能。相比于三十年前，今天的算法交易的使用、分析、研发、创新和测试在交易系统中已经变得越来越方便和易于操作。

一个出色的交易系统往往是程序员、金融工程师和交易员各个团队共同努力的结果。以下这些因素可能是最重要也是最需要优先考量的。

5.3.1 速度

速度或者说延迟是交易特别是算法交易和高频交易中第一个需要考虑的因素。如果没有电子交易，人工交易的延迟在一秒或半秒之内是可以接受的（如果通过电话交易，延迟会更长）。但是我们现在讨论的是微秒级的（10^{-6}秒）延迟，做个比较，胶片电影的一帧也只是百分之一秒级的（10^{-3}秒）。

延迟主要分为两类：物理延迟和人为延迟。而这两类延迟也总是处于两个不同的操作流程中。在交易单处理的过程中，会有人为延迟和物理延迟同时出现。随着电子交易的出现和操作流程的不断完善，人为延迟出现的环节越来越少，更多地出现在手动建入交易单的时候。如果除去这个环节，延迟主要集中在从客户端传送到经纪商的物理延迟上，以及算法交易或者是高频交易服务器再传送交易单到交易所的物理延迟上。

另外一个含有延迟的操作流程是市场数据的提供路径：由市场数据提供商到数据处理服务器再到交易员的显示屏上。因此，无论是交易单处理的路径还是市场数据传导的路径，都是几个物理延迟的叠加。如果将这些路径缩短或者尽量减少传输步骤，延迟还有可能降低。图5-5展示的是交易单数据传输延迟和市场数据传输延迟的路径。

当然，系统处理数据的能力和物理延迟是需要平衡的两个方面：如果数据处理过慢，信息处理得过于复杂，处理时间与传输延迟根本就不在一个数量级上，那么再快的物理连接也无法提高处理效率；同样，如果传输协议效率很低，包含数据的信息传输起来很慢或者物理传输需要很长时间，那些快速高效的私服处理器就显得有点儿杀鸡用牛刀了。除此之外，交易系统的设计者还要考虑交易所处在交易峰值时的状况。如果交易所的服务器在满负载的情况下肯定会增加延迟，那么交易员在考虑系统性能时，应以满负载运行时的数据为准。

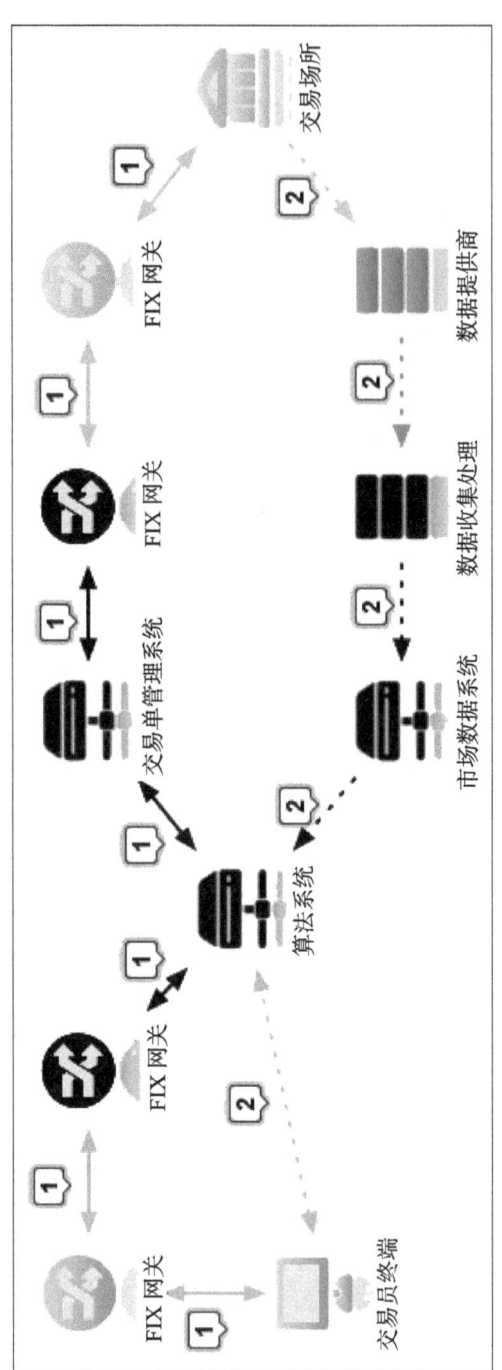

图 5-5　算法交易系统的两个主要延迟来源[1]

[1] 路径 1 为交易单数据传输路径，路径 2 为市场数据传输路径。

针对物理传输延迟过大的问题，金融工程师很早就提出了设备托管交易（Co-location）的概念：交易所允许交易员把他们的交易系统服务器放在交易所服务器的旁边，从理论上最大地缩短了物理传输延迟。这样跨地区、跨市场的交易克服了地理位置的不方便。这个概念是高频交易员们最喜闻乐见的。

5.3.2 处理性能

在流动性碎片化的同时，交易单也同样变得碎片化。交易员为了降低风险和波动性，将较大的交易单拆分成小交易单逐个完成，交易系统的报价和交易单管理系统性能势必需要很强的处理能力。这种对计算机系统处理性能的要求不只是线性的增长，而是随着市场的变化要么持续性地非线性增长要么爆发式地突破性增长，特别是股票和期权报价系统的更新速度已经达到了每秒钟百万次的级别（例如，纽约证券交易所和纳斯达克证券交易所）。当然，如果对一只证券来说，报价的更新速度会远低于这个数量级。但是当一些交易系统或算法交易涉及多资产交易或者高频交易策略时，对交易系统报价更新速度的要求就会越来越高。

5.3.3 可靠性

交易员有了很强大的交易系统，有了很快速的数据连接，但是如果系统动不动就宕机，我估计任何人都会疯掉，而且不会认为这是个靠谱的交易系统。交易系统的设计者在考虑计算满负载的峰值时，还要考虑交易系统可能会参与全球市场的交易。"24×7"的交易要求已经列入了大型金融机构和投行的必选功能清单，而那些以宏观策略或者全球对冲策略为主的对冲基金更是不会放过每一秒的赚钱机会。提到"24×7"的交易模式，就不得不说一下外汇市场的电子化交易。这是一类最典型的需要不间断地在全球时区进行交易的资产，也是最能检验交易系统可靠性的一种交易产品。

在当今的科技条件下，单凭软件或硬件引发或者由这二者同时引发的交易系统失灵是应该可以控制的。其中一种最典型的方式就是设置备用系统：如果其中一个环节失效或者暂时瘫痪，备用系统就会马上启动以取代失效的环节；或者采用另外一种机制，就是将失效的环节有效地控制在一个范围之内，而不能"传染"整个工作流程。这两种模式都是很好的控制突发事件的方式。

但是，交易系统的设计者还是无法保证系统永远不出现失效的情况，一方面我们应该尽快控制住失效，另一方面还需要尽快地找到出事环节和出事原因。这就使交易系统的设计者考虑到，交易系统要有易于调试并且易于监控那些非常重要的伺服器的功能。尽管如此，我们今天还只能说尽量做到接近零事故的发生，任何出色的设计者都无法保证不会出现暂时失效的情况。还是用到我们前面讲过的例子，即使是300万行的自营交易系统也很难保证"24×7"的运转要求，在我值班维护系统的日子里，一大早来到办公室的第一件事就是重启所有的伺服器。

5.3.4 交收辅助功能

从交易单的创建到最后交易完成的过程，其实只是整个交易活动的一半，而另一半——交收的顺利完成——更加重要。电子交易系统将交易变得无纸化、快速、高效、透明，在增加巨大交易量的同时，对交收系统也提出了巨大的要求。幸运的是，计算机和互联网技术并不会因为交收在交易过程中的不同作用而有本质的区别。金融工程师们在把交易前端流水线化的同时，把交收过程也全部自动化，大大缩短了整个周期的延迟并且提高了准确率。

更幸运的是，金融工程师们把 FIX 协议也嵌入了交易的后台操作——一个清算和报告系统可以对接各种交易系统平台。较早的交收系统都是一对一的模式——由于接口的问题，一种交收系统只能服务于一种交易系统，而一对多的模式在 FIX 协议的帮助下简化了许多烦琐的程序和步骤。本章的重点在于交易系统，如果读者对交收系统感兴趣，请查阅 FIX 协议的相关网站。

5.4　备份系统

除了交易系统的运行监控和应急处理之外，交易系统的热备用和冷备用等应对突发灾难方面的考虑也在逐渐成熟。

热备用、冷备用和灾备用是沿用电气和计算机科学中数据库方面的术语。热备用是指系统在遇到突发事件时，某个功能模块出现故障，但是在不停止整个系统运行的情况下切换到备用系统。直接一点说就是这种备用系统和主交易系统一直在同时运转，所以可以做到无缝对接，随时切换。那么相应的冷备用就是指需要在停机的情况下才能切换到备用系统，但操作非常简单方便。

备用系统（备份系统）是在计算机行业中使用了很多年的术语，最早是针对企业 IT 系统的要求做好数据备份和系统备份。针对可能发生的情况，设计灾难恢复预案、恢复时的资源需求和系统协调管理功能。我们提到的灾难事件一般是指突发事件，例如，火灾、爆炸、电力故障、设备故障、网络中断、软件错误、操作失误、恶意破坏等导致交易系统无法正常运行的事件。另外一些灾难事件，是指不可抗的自然灾害，如地震、洪水、飓风，以及大型公共卫生事件、恐怖袭击或者对交易人员不得不进行大规模疏散导致无法维持交易系统正常运行的事件。

在讨论备用设备恢复的性能时，通常使用三个指标来衡量：恢复时间（Recovery Time），指事故发生后交易从暂停到恢复所需的时间；恢复时点（Recovery Point），指事故发生时准确寻找恢复时点的能力，这是事关精确恢复能力的指标；运行性能降低（Degraded Operations），指事故发生后与发生前相比交易系统运行处理能力的降低情况。

一些大型的交易所或数据中心都配有灾难备份中心。这是在充分意识到在事故发生时数据和系统恢复的重要性后提出的一种补救方案。越来越多的券商、投行、买方基金和大型金融机构采纳这种方案。在交易系统失效的情况下，备份中心进行数据处理和支持关键业务功能运作。备份中心还需配备相关业务、技术人员，并建立相应的运作机制。在物理位置上，备份中心应尽可能地远离主中心，降低灾难波及的可能性。灾难备份中心与生产中心之间的物理距离还曾经引发过许多争论：过近的距离无法避免备份中心与主中心同时遭受一般性灾难事件风险的影响；而过远的物理距离可能会提高备份中心的成本并且降低恢复效率。

在系统设计上，主交易系统与备份中心的系统可以是互为备份的，原则上任何一个中心都可以根据需要成为主交易系统或者备份中心。两个中心之间以及与其他数据中心（如交易所、登记结算公司和托管银行）之间的网络应具备冗余设计，带宽充分，并通过不同的独立通信方式或者通信运营商互联。

为保证备份系统在一旦发生事故时可用，通常隔一段时间就应该安排一次"事故演习"。在演习结束后，相关人员应将应急响应和事故恢复过程中的经验教训反馈到应急预案的实施效果评估报告中，以对应急预案进行修改和完善。

5.5 对交易系统的监管

在交易系统快速发展的这几十年中，交易系统的形式和品牌各不相同，开发的方式也层出不穷（主要是金融机构自主研发和金融软件公司开发）。在计算机语言和编程环境越来越方便友好的前提下，许多个人投资者根据交易所提供的 API 接口也可以自己设计和实施简单的交易系统。这样一来，交易系统所带来的监管问题越来越多，越来越复杂，也越来越具有挑战性。

无论交易系统的形式如何、性能怎样，都要遵守公平、透明、高效的市场秩序。特别是公平性，绝不能以科技的优越性来取代市场的公平性，最有代表性的两个例子是闪电交易（Flash Trading）和设备托管交易（Co-location）。闪电交易利用具有高速计算性能的交易系统在普通交易参与者前 0.3 秒的时间获得交易所挂单情况，并利用这个巨大的时间优势提前买入或做空交易标的。这类似于我们前面介绍过的抢盘交易员所使用的策略。2009 年美国证监会禁止了这种明显利用技术优势代替市场公平性的交易。

设备托管交易允许将交易系统设置在接近交易所系统的位置上或者付费使用交易所开放的高速通道，从而加快数据传输速度和交易完成速度。几乎所有美国以及欧洲的大型股票和衍生品交易所都曾经鼓励交易参与者将计算机服务器放置于交易所的数据中心，最大限度地减少物理延迟。特别是对于高频交易者来说，设备托管交易是其策略能否成功的关键所在。在以价格优先与时间优先为规则的交易所中，以毫秒为单位地读取市场数据，判断市场方向，并成功挂单的策略，必然有着更高的概率能完成交易。因此设备托管交易遭到了"损害其他交易者平等交易权"的质疑。2009 年 8 月，美国商品期货交易委员会（CFTC）就一系列高频交易问题致函美国期货交易所，要求其提供有关设备托管交易服务的详细信息。此外，该委员会还要求交易所提供使用这些服务的用户数量，该服务所形成的交易规模，以及服务资格要求和费率情况。美国商品期货交易委员会尚未披露此项调查的结果。但在 2010 年 6 月，美国证监会发布了对设备托管交易监管的方案。

同时，我们应该对交易系统所带来的利与弊区别对待。交易员可以利用它的高速和算法交易降低交易成本，做市商可以用它提供市场流动性并实现风险管理，投资者可以用它进行量化投资决策分析，但要避免利用报单撤单速度快、持仓时间短、系统延时极小的特点来人为地扰乱市场和操纵市场。例如，有些交易所会通过对巨量交易者（High Volume Trader）分配识别代码，避免他们凭借自身的资金优势操纵市场。这种方式能通过技术手段识别出有害策略并进行监管，而尽量避免伤及正常的交易行为，在监管中达到趋利避害的效果。

没有交易限额和止损功能的交易系统类似于美国市场前几年出现的无

防护通路（Unfiltered Access）。正如我们介绍的那样，大部分交易所是会员制的，只有具备交易所会员资格的经纪商和做市商才能直接在交易单列表上出现。而无防护通路是指经交易所会员向交易者提供参与身份认证（Participant Identifier）以使其可以直接入市交易。有些人也把无防护通路称为"无审核通路"（Naked Access）。在这种情况下，如果发出错误的交易指令，经纪商或其他市场参与者的系统性风险将会增加。因此在2010年初美国证监会正式提出禁止无审核通路。

本章总结

Knight Capital Group（简称KCG）是美国股票市场做市商，它以强大的交易系统闻名于业界。2012年8月1日，就是因为交易系统一行编码的错误，KCG造成美国股票市场巨大波动并使其公司瞬间损失4.4亿美元。还有Facebook（FB）和Bats Global Markets（BATS）上市交易首日出现的问题，都暴露了交易系统给市场带来的风险。更有批评者添油加醋地说："是人就会犯错，但要彻底搞砸还需电脑。"

但是从市场最近三四十年的表现来看，人们对交易系统并没有失去信心。金融工程师们在遇到了一次次技术问题后，交易系统在不断地改进和完善。投资者们更多地依赖电子交易系统以快速完成交易和降低成本；监管机构根据市场的需求和科技的日新月异也在不断地更新监管要求。不可否认，交易市场在电子交易系统的帮助下更加公正、透明与高效。遇到问题总是好事，就像人类社会其他事物发展的规律一样，电子交易系统也会不间断地以螺旋方式演进。

下篇

算法交易策略与执行方法

第六章

交易策略的历史

电子交易系统和依据电子交易而衍生出的算法交易在我们面前展现了惊人的一幕。

纽约证券交易所诞生在室外——没有房顶的地方。最初只是一堆交易员聚集在位于华尔街 68 号门前的一棵梧桐树下，这个交易市场除了简单的桌椅之外，还有一块用于记录交易和市场信息的小黑板。当时的交易员除了希望每天都有好的交易机会出现之外，也同样希望每天不要刮风、下雨或下雪——最早的交易场所竟然如此简陋！于是在 18 世纪末，在纽约证券交易所诞生的两年后，交易所最大的技术改进发生了。交易员如愿地从户外转移到了一个位于华尔街街角的小咖啡馆里（Tontine Coffee House）。这个咖啡馆一度成为纽约当时最热闹的地方。天气的问题解决了，人们仅凭手语和小黑板就能交流得很顺畅，这使得对交易市场感兴趣的人越来越多。但是一个咖啡馆（后来先后升级为餐厅、酒店）毕竟无法容纳更多的交易员。

　　从1837年开始，科学技术登上了金融市场的舞台，扮演的角色极为重要且解决了一系列问题。首先就是电报。塞缪尔·莫尔斯（Samuel Morse）先生发明的摩斯码和被称为"世界一大奇迹"的电报发报机在交易员中广泛使用。在那个年代，电报技术的广泛应用不亚于今天互联网的应用，当时的"黑莓手机"就是绑在交易员手臂上的摩斯发报机。听上去很离谱，但是每一个交易员都必须精通摩斯码。这要是在今天，每个交易员都有机会成为《无间道》里的主角。取代小黑板的技术就是被大发明家爱迪生改进后的股票磁带机（Ticker Tape），每个交易数据都会打在磁带上，人们就是通过查看这些磁带来了解交易记录。当时的交易大厅没有大块的黑板来公示交易信息，更没有大屏幕显示器来随时滚动播报交易数据。交易员需要从地上捡起磁带条，从末端来查看最近的交易情况。因此，交易大厅里到处都是磁带机打出来的纸条，每次交易日结束之后，交易大厅就跟刚刚举行过大规模的游行一样，清洁工都要清理成堆成堆的纸条和纸屑。在交易所工作的监管者一定是最痛苦的，为了查清一桩交易的来龙去脉，他们需要阅读大量的磁带条。专家交易员周围磁带条的多少就意味着他们的收入情况，如果你有成袋成袋的磁带条，说明你帮助客户完成了非常多的交易，赚取了非常多的佣金。有历史资料记载，当时纽交所的交易员们曾为第100万条磁带条开香槟庆祝。顺便说一句，后来在各种游行场合或庆祝场合人们都喜欢用各种颜色的纸条从空而降或抛向空中，其出处就来源于此。

　　有了交易大厅，有了手语，有了电报，有了股票磁带机，这些技术还不够，还是跟不上口头交易的速度。人们会从大厅的延迟指示器上了解到数据延迟的时间。科技又帮助我们解决了一系列问题。电话是交易流程的一个加速器，在每个股票磁带机的周围一般都会布满电话机。人们通过电话了解交易所实时发生的行情，电话使离交易所比较远的人可以方便地参与进来。电话有效地增加了交易所场外的交易量，增加了交易速度，并且让更多大众接触到了交易。但是数据还是太多，数据处理的速度还是太慢，处理交易数据时的人为失误还是无法避免。直到1946年，一个庞然大物的出现和其后一代代的演变使交易有了突飞猛进的变化。这个家伙就叫作计算机。计算机在1946年时每秒可执行17000条指令，900个字节的缓存（1024字节 = 1KB，1024KB = 1MB，1024MB = 1GB，我们使用的智能手机的缓存可以达到GB量级），每45分钟就会烧毁一个二极管，在当时绝对是非绿色能源消耗品。程序员编程的时候就是在一大堆管子中间跑来跑去，插来拔去的。当缓存的容量不断地增加，运行速度不断地加快，而机身尺寸不断减小的时候，计算机变得越来越容易学习和普及。于是1966年，纽约证券交易所购买了一台计算机。

股票磁带机和电报为交易所带来了巨大的改进，而计算机的出现给交易市场带来的影响则是史无前例的。当一项科学技术以非线性的速度持续进步时，其他令人瞠目结舌的发明和创造也随之而来。在计算机变得越来越快，越来越稳定，越来越小，越来越便宜的同时，互联网出现了。这项最初由美国国防部赞助的项目推广到其他领域之后，引发了颠覆性的改变。金融行业当然也不例外——一个以"0"和"1"为元素的全球金融系统就这样诞生了。

计算机和网络通信技术将所有人联系起来，也将世界上所有的金融市场连接起来。在这些市场中进行投资和交易就必然需要大量的数量化专家支持。交易员和交易市场同样离不开海量数据的支持，也同样离不开会处理、会利用这些数据的专家。

6.1 电子交易市场的历史

从电报电话的应用，到自动化交易系统开发，再到互联网的出现，这些远程通信技术使人们介入交易市场越来越方便——交易价格、发送交易单和获取市场信息变得触手可得。计算机系统控制的电子交易所已经取代了大部分传统的人工交易流程（除了口头交易）。在我们向读者介绍各种交易策略之前，有必要先简略地介绍一下电子交易的发展历史。没有电子交易技术的支持，许多经典的交易策略及其衍生的策略根本无从谈起。

很多知名的网络电子交易所都是在电子交易技术的基础上快速衍生出来的。20 世纪 60 年代，人们开始使用计算机网络报价和传输价格数据，取代了交易所用来报价的磁带机。之后不久，人们开始使用计算机系统提交交易单和传输交易数据。20 世纪 60 至 70 年代间的这些初步尝试最终促使电子交易成形。从这时开始，交易员可以远程下单，不必总出现在交易大厅；更多的人可以通过远程的方式参加到交易市场中来。交易员也不再需要那么专业，不用理会手语、摩斯码、发报机，市场参与者可能就是一位坐在餐桌旁喝着下午茶的家庭主妇，或者是一位坐在电脑屏幕前边经常鼓弄着电脑游戏的中学生。读者再回想一下那棵梧桐树下饱经风吹日晒的交易员们，今天的人们是多么幸福啊。电子交易市场的演变如图 6-1 所示。

第六章 交易策略的历史

图 6-1 电子交易市场的演变

20世纪60年代之前
交易所交易大厅人头攒动、人声鼎沸，各种颜色的马甲穿梭其间

20世纪60年代
计算机网络应用于交易报价、询价和数据传输

1969年
第一部电子交易系统诞生 Instinet 系统 应用于美国各大金融机构

1971年
世界第一个电子交易市场——纳斯达克证券交易所诞生

1983年
买方交易系统引入交易市场，提高市场的流动性和效率

1987年
世界第一个商品期货和期权电子交易平台诞生

1992年
GLOBEX 诞生

20世纪90年代中期
世界各主要交易所开始采用电子交易系统

2005年
电子网络交易平台（ECNs）在 U.S.Regulation-NMS 的鼓励下迅速发展

2011年
算法交易快速发展 截至2011年已占股票交易的73%

出于谨慎的原因，交易员最初只用电子交易来完成数额较小的交易单。规模较大的交易单还是通过电话下单或者在交易大厅直接交易。但是从 20 世纪 90 年代中期开始，世界各主要交易所开始采用电子交易系统，相当可观的交易量开始通过电子交易系统完成。这种趋势从此便一发不可收拾。

股票交易在电子交易中的应用自然是一马当先。美国两家最大的证券交易所纽约证券交易所和纳斯达克证券交易所都率先引入了电子交易。欧洲各大交易所随后跟进，甚至转型得更彻底。它们索性关掉口头交易业务的交易大厅，全部采用电子交易自动化系统。1997 年美国证监会制定的新的交易单处理规定使电子交易市场发生了一次剧烈的震动——做市商必须将限价交易单清晰地显示出来，以保证市价交易单可以与限价交易单的价格匹配。这条规则加剧了市场竞争，使更多的电子交易所竞争者加入进来，如电子网络交易平台（ECNs）。随后，电子网络交易平台迅速扩张并在千禧年左右进行了一轮疯狂的收购和合并。随着新技术的快速发展和革新思路的引进，越来越多的电子交易平台出现，如专注于大宗交易的另类交易系统（Alternative Trading Systems，简称 ATSs）Liquidnet。监管方面，美国证监会于 2005 年制定了统一的针对电子交易市场的法规，*U.S. Regulation-NMS*（*National Market System*）将所有的交易市场连接起来。相应的在欧洲，电子交易平台 MTFs（Multilateral Trading Facilities）快速扩张，在其与欧洲各大交易所成为竞争对手的同时，欧盟在 2007 年也颁布了相应的监管条例，*Markets in Financial Instruments Directive*（*MiFID*）将各种不同的交易市场都纳入监管范围，并把各个交易所的会员分成几大类，分别享有不同程度的保护。在 2011 年的修订案中还进一步加强了对高频交易和算法交易的监管。无论是美国还是欧洲，上面这些法规的颁布从另一个侧面很好地说明了电子交易的发展速度和给交易市场带来的影响。

债券市场采用电子交易系统的节奏相对慢了一点儿，其中一部分原因是基于不同的市场结构——更多的债券交易是基于做市商交易而非在交易所中公开竞拍的。在债券交易电子化的过程中，欧洲市场扮演了重要角色，其中的代表是意大利的政府债交易中心 MTS。在千禧年左右，美国市场出现了一批债券电子交易市场。伴随着稍后的一轮兼并收购，债券电子交易市场最终被少数几家交易中心占据。

外汇交易市场与此同时也完成了向电子交易平台过渡的过程。主要平台是电子网络交易平台，相应的外汇交易的黑池也已经出现。

由于衍生品市场的复杂性，大部分的交易还是通过场外方式执行的。当然，期权与期货例外。最大的场内衍生品交易市场芝加哥商品交易所早在 1992 年就开始使用电子交易平台 GLOBEX。这个交易平台最早用于交易所闭市后的交易活动，稳定的性能和高效率使其慢慢地被接受在全交易时段使用。1998 年，欧洲市场出现了第一个完全电子化的期货交易所。时至今日，世界上大部分的期货和期权交易所都采用了电子交易平台。

6.2 量化金融与计算金融的历史

起源于 20 世纪 30 年代的基本面研究是人们最早计算证券价值的一种方法。人们通过市盈率、现金流等各种量化指标来评价一个公司的健康状况。1951 年，一位芝加哥大学的博士毕业生在他的毕业论文里提出了另外一种投资组合理论。他将数学应用于股票市场，通过数学模型来解释证券组合的方差和回报之间的关系。这个现代投资组合理论的假设是投资者在主动规避风险的前提下追求收益。以上这两种方法都可以系统地帮助投资者寻找正确的证券价格，从它们诞生之日起就被人们沿用至今。

这个博士生的观点给人们带来了全新的投资逻辑：第一，一味地追求收益并不是最合理的，而交易员应该考虑的是在最小化风险的前提下最大化收益；第二，决定投资回报的最主要因素并不是组合中的各个证券而是证券之间的相互关系。

无论是通过哪种投资方法，人们都开始将这些技术写成代码，尝试着让计算机来告诉交易员他所关心的证券当前的市场价格过高还是过低。在计算机刚刚起步的20世纪七八十年代，只有财大气粗的投行才能支付得起较贵的计算机硬件费用，这也促使他们的研究部门一直成为交易策略设计的温床。直到个人计算机的出现，这种情况才有所缓解，更多的金融机构开始采用个人电脑来处理海量数据，并且研发投资策略。计算机的出现显然不是坏事，由于有巨大的利润可图，更多的交易员投入到交易策略的研究当中来，投行最初设计的策略所赚取的利润也在被慢慢蚕食，这反而更进一步推动了交易策略得以不断进步，尤其是算法交易得以快速演变。以上这些情景都是在20世纪80年代末、90年代初个人电脑开始出现的时候发生的。

与此同时，另外一种更加数量化的计算方式出现了——数据挖掘（Data Mining）。这是一种建立在应用数学和统计学基础上的计算方法，它可以从海量数据中提取重要的信号、因素和一定的规律。依据这种纯数学的计算方法，一些不看股票基本信息只观察股票图形和数据趋势的交易策

第六章
交易策略的历史

略产生了。这些策略无法准确地预测股票的市场价格，但是可以根据历史数据和图形预测出价格的走势。在一些机构花上几个星期甚至几个月的时间用传统的基本面研究某个证券的时候，更多的交易员可以利用数据的优势马上判断是否存在有利可图的短期交易。

交易员用不同的方式捕捉不同的获利机会，只是着眼点不一样而已。在动物世界中经常看到的场景可以很恰当地形容交易市场中的各种捕猎者：狮群在围剿一头掉队走失的角马，几个回合下来，狮子扑倒了角马并大快朵颐起来，但是空中盘旋的秃鹰，看准时机随时可以俯冲夺下一块儿现成的角马肉，饱餐一顿。

归根到底，无论哪种证券分析方法，最终能够赚取利润才是王道。算法交易的第一桶金就出现在捕捉稍纵即逝的短期交易机会上——在人们还没来得及反应的情况下，计算机已在2~3毫秒提交交易单并完成交易了。建立于1994年的大型对冲基金 Long Term Capital Management（简称LTCM）就将这种交易策略发挥到极致。基金经理先向计算机输入标的证券的价格和关联系数，当市场一出现偏离预先设定关联的范围的情况时，计算机就自动下单，低买高卖赚取差额。由于这个偏离很小，LTCM还专门购买有杠杆作用的衍生产品，将收益最大化。超强的团队组合（被称为当时金融市场的"梦之队"）、坚实的理论基础（团队中有几位成员都获得过诺贝尔奖）和持续四年的惊人成绩（年化收益率25%以上），使LTCM对计算机化的交易策略异常自信。除了依据数学模型输入参数和标的证券之外，基金经理大部分时间是在打高尔夫球、出海钓鱼，或者是在世界上的某个令人向往的角落里品着红酒和雪茄。当然这个庞然大物最后倒下是基于许多人为的或客观的因素，但是最不应该归咎的就是算法交易。

进入 21 世纪之后，金融交易的计算和量化迅速进化到了超快速的高频交易领域，时间以纳秒为单位。夸张到如果交易员的电子交易系统服务器距离交易所过远，那么当网络还在传送交易单信号的时候，一些获利的机会就可能已经消失了。交易员为了以最快的时间完成交易策略，甚至将计算机服务器寄存于交易所机房，或者仅与交易所咫尺之遥的数据中心。至少从物理距离上来看，传送信号的时间已经短的不能更短了，从而保证了所有交易员的传输速度不会更快了，既然硬件的优势大家是一样的，剩下拼的就是算法了。算法交易进化到这一步更加依赖于强大的计算机系统，至少在交易执行环节上人工是再也无法染指了。

下面来介绍一个在电子交易发展进程中的传奇人物。

1965 年，一个年仅 21 岁的匈牙利避难者来到纽约，身无分文，不会说英语。他的第一份工作是在一家工程公司担任高速公路的建筑绘图员。他在那里第一次接触到了计算机，从此以后这改变了这个年轻人的事业轨迹。他的名字是托马斯·皮特菲（Thomas Peterffy）。

皮特菲最感兴趣的工作就是将各种流程自动化。他一直是这么做的，而且在这上面赚了大钱。令他自己也没有想到的是，他的一系列成功直接推动了证券电子化交易的发展。

皮特菲在计算机方面展现了天才的一面。他自学编程，成为当时为数不多的程序员，并且找到了一个周薪 65 美元的工作，这在当时已经是一份非常不错的工作了。不久之后，他成为程序员中的佼佼者，先后跳槽到了华尔街一家软件公司和一家期货公司。皮特菲在这家期货公司如鱼得水，他的数学天赋和编程能力得到了充分的发挥。他为公司设计出华尔街首个自动化交易系统：计算机先读取行情数据，然后经过数学模型处理后，产生交易买卖指令的系统——人们称之为黑匣子（Black Box）。在这段时间里，皮特菲在全面了解金融市场的同时，也有了一定的积蓄。

20世纪70年代初期，皮特菲开设了自己的公司并在美国证券交易所买下了自己的交易席位，从此走上创业之路。皮特菲在最初的交易中并不顺利，而且带着浓重口音的英文使他无法与其他交易员打成一片，自然也就打不进最核心的交易圈。他白天交易，晚上就把脑海里的交易流程和模型在计算机上编写出来，很快就完成了第一个自动化的期权交易系统。交易自动化的好处就是交易员只需要监视系统就好，并不需要实际操作。于是他雇用了身材诱人的金发女郎来做交易员，结果做市商纷至沓来。在系统上线一年内，皮特菲就赚了超过100万美元，公司规模也不断扩张。

1983年，皮特菲专门为交易设计的手持计算机在华尔街的交易大厅中引起了轰动和人们的极大兴趣。同年，皮特菲的业务扩展到了费城证券交易所。在这几年的摸爬滚打中，皮特菲积累了一定的市场经验和商业嗅觉。他发现了一个更加暴利且风险相对很低的业务——做市商业务。做市商利用自有资金与客户交易，报出买价和卖价，赚取买卖之间的价差。

传统的做市商由于买卖报价缓慢，从而造成买卖价差巨大，做市商业务风险很高。而电子交易系统能够更加精准地计算出买卖双方的价差，既降低了风险，又提高了成功率。于是皮特菲逐步转向高频做市商业务，并选择了使用掌上电脑进行交易。这是真正推动电子化交易的一步，如果说手持PDA只是让交易员们意识到计算机的便利之处，那么做市商的自动化则迫使所有传统业务转型。因为在华尔街，落后就意味着血本无归。

电子交易系统在1987年为皮特菲赚到了2500万美元。之后他的团队不断设计、不断改进，随着计算机技术和网络科技的发展，电子交易系统更新换代的速度不断加快，应用范围也越来越广。时至今日，皮特菲的交易系统可直通全球23个国家100多个市场，产品包括股票、期权、期货、外汇、债券、ETF等，并提供股票保证金借贷、市场信息与数据、交易成本分析和资产管理工具。

2001年，皮特菲的公司正式更名为盈透证券（Interactive Brokers Group LLC）。2007年5月4日，盈透证券在纳斯达克证券交易所成功上市，估值高达120亿美元，成为当年美国第二大的IPO。截至2017年底，皮特菲的个人身价已达194亿美元。

毫无疑问的是，自动化程度非常高的电子交易系统比人工操作所有交易流程更加有效。做市商的主要功能是为市场提供流动性，在市场缺乏交易时提供双边报价，建立一个稳健且流动性充裕的市场，降低交易者的交易成本。电子做市商带来的变化吸引了大笔资金，从而使交易量进一步放大，买卖之间的差价也不断缩小。

另外，在电子交易平台的快速发展使更多的人可以介入到交易市场的同时，这种创新使算法交易和电子通道交易成为可能。算法交易是通过一套程序化的指令来完成指定交易任务的。这套指令组成了一个交易模型的各个步骤，用以实现交易员的想法。指令必须随着市场的变化而变化，在一些特殊情况下，交易的算法是相当复杂的。我们在后面的章节将试着从最简单的算法交易开始，把算法一一分类，然后再按类讨论。这里将会简单地介绍一下算法演变的历史。

6.3 算法交易的演变

算法交易从 20 世纪 80 年代末开始迅速发展。它是以量化模型为基础的，嵌入了抽象的数学模型作为核心驱动以代替人为判断。算法交易强调投资的系统性和纪律性，克服人为因素干扰，减少非理性的情绪对于投资决策的影响，同时借助系统强大的信息处理能力，纠正认知偏差以获得更大的投资稳定性。

算法交易的起源要回溯到电子交易系统基本成熟、可以被卖方交易员作为主要交易工具的那个时间点。随着交易市场上券商之间的竞争日益激烈，卖方交易员意识到可以把一些成熟的算法交易当作交易的执行工具提供给买方交易员以赚取佣金。其实在这之前，有一家金融公司一直研究算法交易，但是由于商业眼光的原因，它一直没有把已经成型的研究转化为可获利的商业模式。而且曾经有一家财大气粗的投行向这家公司提出了收购意向，条件颇丰。但是这家金融公司拒绝了收购，并且错失了推出自己产品的多个时机。而那家提出收购的投行自己投入人力、财力开始研发，最后占据了算法交易市场的领先位置，赚到了第一桶金。那家金融公司股东的心情现在可想而知。

在千禧年左右，许多投行和金融机构加入到向买方交易员提供算法交易的竞争中来。随着市场行情进一步好转，交易量大增，算法交易所占的比例也在快速上升。这些可观的利润和市场趋势刺激了一些第三方金融软件公司展开研究，先后提供了一些算法交易平台，可供买方或卖方交易员根据自己的风格设置自定义的算法。

图 6-2 展示了算法交易的历史。

算法交易

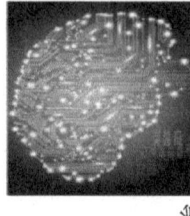
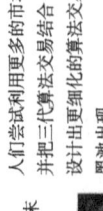

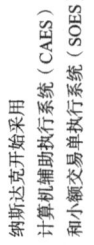

1976年
第一部交易单电子分派提交系统DOT（Designated Order Turnaround）诞生于纽约证券交易所

1983—1984年
第一代交易算法诞生：时间加权平均价格算法、交易量加权平均价格算法，大规模程序交易（Program Trading）也随后出现

1988年
伴随着电子网络交易平台（ECNs）的快速发展关注于市场流动性的第三代算法交易诞生

20世纪80年代
纳斯达克开始采用计算机辅助执行系统（CAES）和小额交易单执行系统（SOES）

20世纪80年代中期
在TCA概念的刺激下第二代算法交易诞生人们开始关注交易成本

20世纪90年代末
人们尝试利用更多的市场因素并把第三代算法交易设计出更细化的算法交易黑池出现

21世纪初
最简单的交易算法诞生Direct Market Access（DMA）

图6-2 算法交易的历史

第六章
交易策略的历史

我们回溯历史，大概有以下几代算法交易。第一代算法交易基于进度，按事先设计好的计划进行交易，把较大的交易单固定地分割成小单，要么定时要么定量地分别交易。定时交易的算法称作时间加权平均交易价格（Time Weighted Average Price，简称 TWAP）；定量交易的算法称作交易量加权平均价格（Volume Weighted Average Price，简称 VWAP）。这一代的算法反映了交易员最原始的想法，就是把大额的交易单分割变小，以减小对市场的冲击，降低交易成本。尤其是交易量加权平均价格（VWAP）算法，作为一个交易时段的价格指标，一直作为市场价格的主要表现之一。时至今日，在评价算法和交易员的执行效果时，许多人都采用交易量加权平均价格作为标的价格。

由于时间加权平均价格算法和交易量加权平均价格算法都是按预先设定的进度进行的——交易单一旦提交，交易就按既定计划执行——我们又可以视第一代算法交易为静态算法交易。时间加权平均价格算法会根据交易时间平均分割交易单；而交易量加权平均价格算法会从历史数据中总结出来每个时间段交易量变化的规律，并依据这个规律下单。但是交易对手可以很轻松地找到这些以进度为主线的交易策略的弱点，从已有的规律中占得先手。于是，人们又在固定的进度中加入一些动态因素，可以随机地根据市场中的某个因素而变化。例如，按交易量比例（Percentage of Volume，简称 POV）交易的算法就会通过市场上交易量的变化而临时按比例调整交易量，而不是单一地依据历史交易数据。

20 世纪 80 年代末，一些专家学者们提出了交易成本分析（Trading Cost Analysis，简称 TCA）的概念。交易中的成本被细化为很多成分：固定成本、择时风险、机会成本、瞬时市场冲击等，详细内容我们将在后面章节中介绍。因此,第二代的算法交易就是以交易成本为主要考虑对象的,或者说这一代算法是以降低交易成本的各个组成部分为目标的。典型的代表就是执行价差算法(Implementation Shortfall,简称 IS)。在学术界,执行价差的定义是在作出投资决定时的价格和最后交易完成后的交易价格之间的价差。这个差额基本包含了交易成本分析中提到的所有成本因素。交易员利用这个概念设计出了缩小这个差额的算法:执行价差算法。当市场上更多的投资者开始关注交易成本分析这个概念的时候,人们开始重新审视标的的选择,并用投资决定时的价格来取代交易量加权平均价格作为评价交易效果的标的。第二代算法交易是一种概念的转变,交易员从最早关注交易对市场的冲击转变为对价格或对风险进行综合权衡:如果交易得过快,会加大对市场的冲击从而增加交易成本;如果交易得过慢,交易可能暴露在更多不可预知的风险之下。从那时开始,算法交易的数学模型变得相对复杂起来,因为要融入更多的因素,要更多地权衡各方面的风险。

当交易员注意到流动性的重要性时,第三代关于搜寻流动性的算法应运而生。这也是在电子网络交易平台(ECNs)的快速发展下出现的。在第一、第二代算法诞生之前或更早,交易员对于流动性的选择非常少,人们只能在传统交易大厅中完成交易。电子网络交易平台和其他电子交易场所打破了传统的垄断,为投资者提供了更多的选择。但是相应的问题接踵而来,可供交易的场所多了,交易市场大部分都已经自动化了,哪一个才是最终的交易场所,提供最佳的报价?原先的最佳买卖报价(BBO 或 NBBO)是唯一的参照物,那么现在有更多的买卖信息,交易单列表更加透明化了,如何利用好这些信息呢?一套能够智能决定向哪个交易所分派交易单(Smart Routing Order)的算法诞生了,这就是第三代算法交易。随着电子网络交易市场的发展更加快速,交易单列表的信息更加全面,智能定向分配算法进一步演变成更复杂的专门搜寻流动性的算法交易。这些算法就像巡逻的哨兵一样,不停地在各个交易所中寻找流动性。

针对流动性的不同来源,交易市场中又出现了许多与传统交易所和电子网络交易所不同的"水池",例如,现在在美国已经很成熟,在世界市场也逐渐被认可的黑池(Dark Pool)。其实这个概念在电子交易系统诞生之初就已经存在了,Instinet 就为众多买方交易员提供了这么一个网络,大家可以互相询价并完成交易。今天的黑池的作用主要体现在将交易单提交给交易所之前,寻找场外交易的机会,从而大大降低交易成本。这种需求催生了一种混合性质的算法交易,就是搜寻流动性的算法再配合其他几代的算法交易,例如,执行价差算法和交易量加权平均价格算法。

算法交易还在持续地演变着。只要市场上有需求,新的算法就会产生,并迅速被跟进、改进,然后再被新产生的算法取代。市场总是对更有效的算法非常慷慨,正是这种巨大利益刺激一代代算法的进化,速度越来越快,适应能力也越来越强。

6.4 算法的世界

电子交易市场和算法交易的发展也不是一帆风顺的,在交易市场发生的几次快速而又剧烈的震荡给交易员们敲响了警钟。

2010年5月6日星期四,美国股市正常开市,由于希腊债务危机的影响,道琼斯工业平均指数低开。下午 2:42,道琼斯指数下跌 300 点,市场出现恐慌，5分钟内又下跌600多点。在2:47左右道琼斯指数几乎下跌1000点，创道琼斯指数单个交易日跌幅最大纪录。20分钟之后，3:07，道琼斯指数收复了600多点的失地（如图6-3所示）。

这戏剧性的一幕引起了社会广泛的关注，美国监管当局历时5个月才调查出引发市场剧烈波动的一系列关联事件。调查报告首先给出了美国市场的状况：由于竞争激烈，美国股票交易市场比较分散，交易量并没有集中在几个主要交易场所。当一个较大的交易单被提交在一个交易所时，容易造成股市的突然下跌。

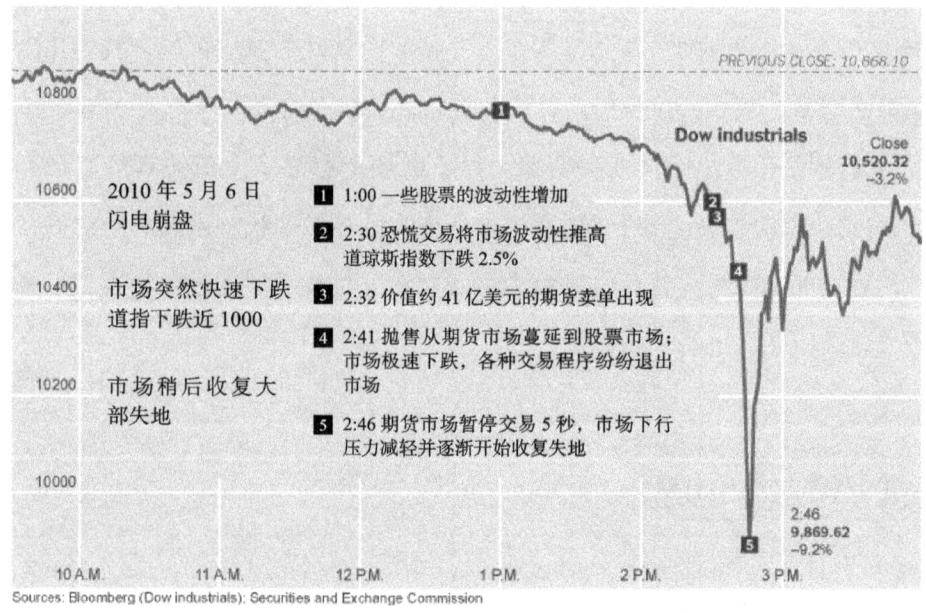

图6-3　2010年5月6日闪电崩盘的大盘走势

事件的简单经过是这样的，一个大型公募基金抛售一笔交易量很大的标普500指数期货合约。由于合约数量巨大，交易单迅速消耗了市场上所有的买家。高频交易员看到机会大量抛售，趁机做空市场，进一步扩大了期货交易单对市场的冲击，市场出现急剧下跌。当然，还有其他一些人为因素或客观因素也相当重要。例如，市场在那段时间由于欧债危机，交投气氛本来就不好，交易量也少得可怜。那笔期货合约交易单的数额在 41 亿美元左右。当交易员把它提交到市场作为现有多头的对冲时，交易员只是希望它能够通过算法交易快速成交，他只注意到了占平均日交易量的 9%，而没有对交易时间和价格有任何限定。

熟悉高频交易策略的读者应该了解那些高频交易员从来不会让仓位过夜，都是当天清仓。他们多数的交易策略都是靠快速买入卖出来获利，一次买入卖出获利较少，但是通过大量的快速交易可以积少成多，在没有实仓风险的情况下，一天积累下来的利润还是相当可观的。高频交易员开始卖出最先从公募基金交易员手上接过来的仓位，可是愿意购买期货合约的流动性早已耗尽。这些仓位只能在这些高频交易员之间转来转去，就像"击鼓传花"。市场就在快速的卖来卖去中不断下跌。下跌得有多快？我们用调查报告中一个简单的数据来说明。从 2:45:13 到 2:45:27，高频交易员交易了 27 000 手期货合约，是一天交易量的 49%，但是真正的买家却只交易了 200 手。

这一系列的市场信号使许多以高频交易或以量化交易为主要策略的交易员停止交易并退出市场，貌似流动性充足的市场立刻出现流动性问题。即使一些大盘股也出现了急跌急升的情况：埃森哲（Accenture）的股价跌到了只有 1 美分而苹果（Apple）飙到了 100 000 美元。就像我们前面章节介绍过的，在这种市场极端情况下，做市商和专家交易员为了规避风险也会退出市场，把客户的交易单直接推给市场，市场上又缺失了一批稳定的流动性来源。时至此刻，做市商停止了提供流动性，高频交易员和量化交易员不但不提供流动性，其中一部分还趁火打劫也变成卖出方，再加上市场上原来就有找不到买家的卖方，大家争先恐后地抛售，就出现了道琼斯指数下跌接近 1000 点的一幕。1 万亿美元的市值瞬间蒸发了。

下午 2:45:28，芝加哥商品交易所为了阻止指数进一步下跌，期货交易系统触发了熔断机制，停止交易 5 秒。就是这 5 秒的缓冲，让卖方的压力有所缓解并且出现了一定的买方流动性。下午 2:45:33，市场开始收复失地。在下午 3 点之前，所有市场机制都慢慢地恢复到有序的状态，逐步企稳。随着拯救欧元计划的出台，股票市场在接下来的几天反弹，标普 500 指数在一周之内收复所有失地。

这次崩盘发生之后，各种各样的报道、总结、内幕消息和争论铺天盖地出现，笔者大致地总结如下，作为读者茶余饭后的谈资。闪电崩盘（Flash Crash）发生后，立马有报告指出这是一笔典型的"乌龙指交易"（Fat Finger），一笔数额巨大的卖出宝洁（Proctor & Gamble，简称 P&G）的交易单提交之后引发了高频交易员争先恐后地抛售。但是交易时间证明了宝洁股票的下跌是在期货合约急速下跌之后，而且现在各大交易所都有很健全的技术去隔离乌龙指交易单。

高频交易员在一开始就备受指责。就像在 CFTC 报告中指出的那样，高频交易策略在遇到没有程序设定的市场时，会快速清仓并撤离市场。在高频交易程序中，计算机不停地向交易所提交交易单，其中一些由于离最佳买卖报价很远而根本无法执行。许多人怀疑这些策略增加了市场噪声，拥堵交易通道，挤掉其他竞争者，它们的副作用是扰乱了交易市场的秩序，从而促成了闪电崩盘的发生。而另外一些专家声称，这些根本无法获利的交易单主要是用来测量延迟和试探市场趋势的，但是却增大了交易所

第六章
交易策略的历史

的负荷。4个月后监管者出面澄清,这些被批量提交到交易所又被马上取消的交易单并不是市场动荡的主要原因,而且有舆论声称高频交易是缩小市场急跌和恢复市场秩序的主要力量。

监管者曾经声称一笔数额巨大的标普500期货卖单引发了一系列事件从而导致崩盘,但是一直无法查明卖单的出处。阴谋论的制造者开始作出各种猜测:在市场崩盘之前,有一家对冲基金买入了大量的标普500指数的看空期权;还有人说是另外一家对冲基金卖出大约40亿美元的期权;更有甚者怀疑是日元对美元的外汇交易员制造的恶作剧。

一些金融专家希望从更高的层面上来审视2010年的闪电崩盘。他们认为越来越去集中化的股票交易是其根本的市场结构原因。还有一些专家,推出一种叫作"市场毒素"理论,在闪电崩盘爆发前一天或前一个小时,这个指标已经达到了历史最高点。"市场毒素"过高的直接影响就是不健康的市场挤走了所有流动性的提供者,从而出现了市场崩盘。

还有人归咎于交易系统的莫名缺陷。他们对2010年5月6日之前的交易所系统进行了分析并发现了纽约证券交易所和另类交易系统的一些缺陷。这些缺陷导致最长5分钟的报价延迟,但在系统显示的是实时的。那些购买了市场深度数据的交易员可以看到真正的最新报价和被延迟的"最新"报价,并且利用这种优势提交了许多偏离市场价格的巨大交易单以获利,这就是为什么苹果公司股价能够达到100000美元而埃森哲的股价只有1美分。

讨论了这么多原因,都是各说各有理。但是无论真正的原因是哪个,笔者认为都不应该归罪于交易技术和交易工具,问题总是源于使用技术和工具的人。

2012年8月2日星期四，世界知名的做市商 Knight Capital Group（简称 KCG）宣布由于系统缺陷在周三意外买入的股票于周四全部卖出并造成了 4.4 亿美元的损失。美国股市每个交易日有 450 分钟，意味着 KCG 交易系统的缺陷在周三交易日的每分钟里造成了近 1000 万美元的损失。而相比于当天的损失，KCG 在当年二季度的营业额仅为 2.89 亿美元，损失已经严重影响了公司的运营。KCG 的股票周三下跌 32%，周四又继续跌了 63%，以 2.58 美元收市。图 6-4 展示了 KCG 的一周股价变化。

图 6-4　KCG 一周股价变化

其股票大跌的原因可以大致归纳如下。交易系统中的一个调试程序从测试环境投入到生产环境中，这个调试程序可以人为地将股价抬高或拉低，从而测试交易策略的效果。当这个交易程序接入到真实世界中时，KCG 的交易策略误以为市场出现了机会，买入了许多股票，抬高了价格。但当市场意识到这只是个错误的时候，股票又开始下跌，最后 KCG 不得不低价清仓。

KCG 一直是先进电子交易系统的受益者，该公司高效而炫目的交易系统、多样而实用的交易策略为其吸引了大量客户。截至 2012 年底，KCG 的交易量占纽约证券交易所的 17.3%，纳斯达克证券交易所的 16.9%。但也正是新的交易软件的一点点缺陷，使这家公司几乎破产，最后只能寻求被收购来完成救赎。

还有一件趣事，就是在此次事件发生之前，KCG 的 CEO 还曾嘲笑纳斯达克证券交易所系统的落后，因为就在 Facebook 上市的当天，纳斯达克证券交易所交易系统彻底崩溃了，延误开市很长时间。但是他万万没想到同样的系统事件发生在自己公司的交易系统中，并且造成了更严重的损失。

科技往往可以推动人类历史的进步，但使用不当也会成为伤害人类的致命武器，它也是一把"双刃剑"。还是那句话：归罪于科技和工具是最无用的，重要的原因应该来自使用它们的人。

6.5　一个算法交易的简单例子

算法交易的起源来自电子交易平台的应用，交易员用简单的算法来代替重复而又易出错的交易操作。特别是对卖方交易员来说，计算机程序大大提高了效率。如果交易员有了市场接入，有了数据，剩下要做的就可以简化为数学计算了。

比如，交易员得到了买入 ABC 股票 100 万股的指令，而市场上每天成交量平均值为 300 万股左右。如果要得到不错的交易价格，肯定不能直接将 100 万股的买入指令提交到市场上。因为瞬时冲击会造成股价的剧烈波动，交易价格自然不会好。如果将原交易单细分成若干子交易单，然后散开在整个交易时段执行。这样执行的效果可能会好许多。每个子交易单的交易额、限价价格、提交时间和交易单种类都会根据以往的交易数据和当时的市场情况调整。算法交易是将这个过程以自动化的方式实现：历史数据分析、交易单分割成子交易单、在相应时间点提交、监视交易结果、根据市场情况和子交易单结果动态调整交易单状态（修改或取消交易单）。

如果将这100万股分为10个子交易单，每个交易单的数量和限价都一致，并在5小时中平均分配提交，我们将在每半小时完成一笔子交易。为了确保交易的完成，我们还可以取消限价，每次都发出市价交易单。我们看到的交易结果是将100万股对市场的冲击转换为10个时间段的冲击。我们无法保证每个时间点的子交易单都带来最小的价格波动，但是总体而言，大的价格波动被肢解，交易成本被拆分到我们可以承受的范围。从整体交易价格上看，平均交易价格有所改善。如果为了追求更好的效果，我们可以把交易单分成100个子交易单并按顺序提交。10个子交易单人为可以进行操作，但是100个子交易单当然是计算机程序有巨大优势了。

上面例子中的算法很简单，并且很容易被市场中有经验的交易员辨识出来。实际的算法在应用中要复杂得多：交易对手无法轻而易举地辨认出交易模式。复杂的交易算法需要更精确、更细致的设计和更准确、更加有保障的实施。因此，有经验的交易员和数据分析员的合作会给出一个非常实用并且可操作的算法。针对不同的交易效果和交易目的，交易员需要设计出不同的算法。

第七章

算法交易策略的类别

有一种阴谋论这样调侃《西游记》中真假美猴王的故事。真正的孙悟空在这一回合已被六耳猕猴取代,最终陪唐僧去西天取经的其实是六耳猕猴,而其幕后指使者是如来佛,动机就是为了报复与他不共戴天的菩提老祖(孙悟空是菩提老祖的得意门生,菩提老祖与如来佛是师兄弟)。阴谋论就是这样,它给予一定的事实基础,让故事听上去觉得很有道理。但我们关注的重点不是这个阴谋论,而是孙悟空与六耳猕猴的斗法环节。

首先这个桥段的设计就会令人耳目一新:一模一样的美猴王,然后又有一模一样的唐僧、猪八戒、沙僧、白龙马,所有的行头都如同克隆了一般。六耳猕猴与孙悟空一样,都没有靠山,在强大导师的指导下,都是从基层开始做起,自学成才的。更遗憾的是六耳猕猴一直就没有占山为王,连自己的地盘都没有。当唐僧西天取经路过雷音寺时,逆袭的机会来了。

遇到了一个万年不遇的机会，他当然要试一把。就凭这一点，我觉得六耳猕猴更靠谱，更珍惜这个改变终生的机会。另外一点，二位还有一模一样的就是法力，同样都会七十二变，这种法力无论是在仙界、在人间还是在冥界都算是数一数二的，可以称得上法力无边了。除了学习的人得有一定造化之外，教他们的人也得非同一般。大家都知道孙悟空的老师是菩提老祖，但是并不清楚六耳猕猴背后的高人是谁。与菩提老祖同级别的也就是如来佛了——他们是师兄弟，根据这条线索稍微推断一下，大家就可以猜个大概了。还有一点就是能分辨出真假美猴王的高手虽不多，但其实也不只如来佛一人。都穿成美猴王的样子，腰裹虎皮裙、头顶艳花翎，同样使用金箍棒、脚踩七彩祥云，只是耳朵的数量不一致而已，能看出其中端倪的就那么几个，这几位神仙即使看出来了还是不敢吱声，肯定是忌惮于这位假美猴王背后的势力。那又是谁能镇得住各路神仙呢？细思极恐！

目前市场上各种算法交易的斗法让我想起了孙悟空与六耳猕猴的斗法。但是这两种斗法的最大区别是，交易市场上没有绝对的真美猴王，在一种环境下某种算法优于其他的，但是换了一个交易环境，很可能就是其他算法又胜于它。总而言之，哪个算法在特定的环境下可以最大地优化交易或者为交易提供获利机会，那么它就是真美猴王。每一类算法交易都师出同门，采用相似的核心算法，各大投行、金融机构和研究机构推出的交易算法也都大同小异，如果没有如来佛的慧眼是很难分辨出来优劣的。

股票交易市场是算法交易发展最快也是最成熟的领域。美国股市最早只有纳斯达克和纽交所两个巨无霸，但是到后来发展到可以有 40 多个交易市场交易股票。根据这些市场衍生出来的算法千奇百怪，粗略地划分一下也得有 100 多种。如果细分的话会更多，怎么分辨？想一下，也是细思极恐！但是万变不离其宗，笔者会试着从不同的角度将市场上现有的算法分门别类，帮助读者理清思路。如果大的类别搞清楚了，再注意一些细节大家就可以区分大多数的"美猴王"了。

7.1 算法交易解析

要讲述算法交易的精彩故事，需要先明确几个常用名词。各大投行和对冲基金开发十几年的算法交易经常使用以下几个术语。

- 算法交易（Algorithmic Trading）：通过计算机程序算法完成交易决断（Trading Decision）、交易单提交（Order Submission）、交易执行（Execution）、交易单管理（Order Management）和算法改进（Learning）中一个或几个交易环节。
- 高频交易（High Frequency Trading）：通常是指一类交易策略，在以毫秒为单位向交易所提交并完成小额交易单的同时，这类交易策略的持仓期一般不超过几秒甚至几毫秒。
- 超高频交易（Ultra-High Frequency Trading）：在高频交易策略的基础之上，通过各种各样的方式——交易程序主机交给交易所托管（Co-Location）、市场直接介入（Direct Access Market）、购买市场数据接口等，将所有硬件延迟和其他延迟尽可能地降低。
- 闪电交易（Flash Trading）：交易员在市场监管允许的前提下，比其他市场参与者提前一段时间获知交易单实时数据，这段提前量通常在1秒之内。这种优势在高频交易策略中是极为明显的。

算法交易是最常见的一个术语，涵盖的范围也较广，而高频交易只是其中的一小部分而已。超高频交易则是高频交易中目前最受人关注也是最具挑战性的一个领域。

如果想比较全面地了解算法交易，做一些铺垫工作是必要的，例如，先了解一下交易市场的微观结构（最佳买卖报价、交易单列表），交易单的各种类型，交易员的不同风格，交易所的撮合方式和交易规则等（详细内容请参阅我的另一本书——《金融交易与市场》）。

我将算法交易的逻辑以图 7-1 展示。

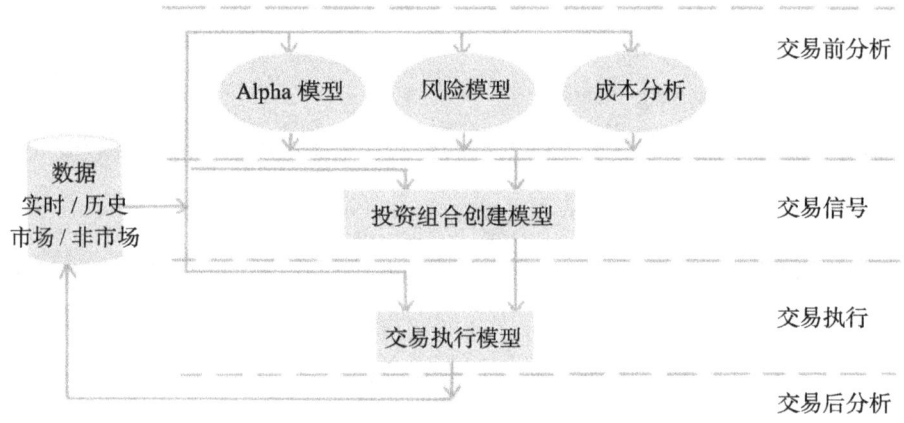

图 7-1 算法交易的逻辑

我尽量将整个系统简化说明。按时序解构算法交易，我们划分了四个阶段。

（1）交易前分析：做足交易前工作，分析交易标的性质和特点，利用尽可能全面的市场数据和消息捕捉交易机会。

（2）交易信号：其实这就是一个决定交易的步骤。根据交易前的分析提取最有价值的信号，有信号就交易，没有信号就不采取任何行动。交易信号环节会以交易前分析的结果作为输入，而自己的计算结果又会作为交易执行的输入。

（3）交易执行：根据交易信号和决策，执行既定交易方案。虽然是执行环节，但是许多技术细节和实施技巧都颇为关键，直接影响交易结果。

（4）交易后分析：获取交易结果之后，再与交易前的决策进行比较，将交易价格和决策价格进行比较。通过分析和统计，不断改进交易决策和执行方法。交易执行的结果和交易信号会输入到交易后分析环节。

上述的这四个环节都需要连接数据库，以随时读取实时数据和历史数据。虽然所有这些都可以通过计算机自动化完成，但是一些关键步骤还是需要在人工的监督下进行的，例如，大规模数据的提取和整理、系统重要参数的调试、交易前分析等。

如图7-1所示，在交易前分析环节中还包含另外三个模型：Alpha模型、风险模型和成本分析模型。如果拿人体系统和算法交易系统来作比喻的话，Alpha模型更类似于人体的感知器官，这些感知器官收集到外界信号后来判断是否有获利的可能。这个模型是一个尽可能准确预测交易标的未来价格走势的数学模型。大致来说有三种模式。

基于基本面分析的Alpha模型是最被广为接受的一种模型，算法设计者将传统的基本面分析模型写入算法，各种指标和数据都经过了标准的量化处理；技术分析是从20世纪最后几十年开始兴起的，正是因为有了数据库技术和计算机技术的支持，这种可以被称为是一种模式识别的分析方式才快速兴起（通过历史数据图形或规律来预测未来价格走势）。随着数据信息的快速扩张，计算机的模式识别相比于人眼有着无与伦比的优势；

同样是在计算机技术和网络技术的帮助下，数量分析模型也逐渐发展成为较成熟的 Alpha 模型。应用数学，特别是统计学、心理学和人工智能在不断反复测试、实战和改进的过程中慢慢地取代人为干预。

风险模型在人体系统中更像是一种心理和生理的极限预警。有风险没关系，但是算法是不是能够承担得起风险、经得起大风大浪最重要。就像大病一场，或者心理遭受了重大打击的人一样，如果打击在自己的承受范围之内，最终可以痊愈。系统也是一样，如果风险都在模型可控范围之内，最终可以起死回生，东山再起。风险模型就是想尽各种办法控制风险：控制风险的规模和风险的种类。控制风险规模有很多种手段，比如通过减少杠杆来直接降低敞口降低风险规模，或者通过计算投资组合的波动性来估算风险规模；投资组合所包含的风险种类根本无法也不可能削减到零，模型的设计者只能将风险种类降低到算法可承受的几种范围之内来集中对付。因此，不同的算法其风险控制模型不尽相同。基于同样的原因，风险模型不可能彻底地消除所有的风险，只能尽量弱化它并控制在可控范围之内。

成本分析如同人体体力的极限分析，如果人体本身积攒的体力不够从事某个活动所需要的体力的话，那就索性不要参加这个活动，还是寻找一个体力消耗相对较小的活动吧。成本分析模块就是计算算法交易是不是入不敷出，如果支出远小于收入，交易当然划算，但是如果支出高于收入，那就不如不做了。或者换个角度来解释，成本分析模块可以尽可能地节省体力（节省交易成本），将体力支出降到最低。交易成本一般包含佣金、交易所收取的固定费用、税和其他非固定费用，如市场冲击和机会成本等。我们稍后还有大幅章节详细介绍交易成本。

收集到各种可以获利的数据和信息,将成本降到最低,所面临的风险也在可承受范围之内,交易信号模块将综合所有这些资料来决定什么可以买,买多少。换句话说,这就是一个投资组合创建模块。它是算法交易系统的大脑,汇集了所有必要的信息来作出交易决定。在 Alpha 模型、风险模型和成本分析模型的各种参数的帮助下,交易信号环节将选择一个最佳的投资决定——在最大化算法收益的同时,将风险和成本降到最低。

组建投资组合的方式有很多种。它可以按照多种原则平均分配仓位,例如,按照资金平均分配、按照风险要求分配、按照收益目标分配等。或者利用数学模型组建,以一个目标为优化对象来计算出最佳的建仓分配。这个目标同样可以是最大化收益、最小化风险或者将组合风险降到最低。

有了交易决策之后,当然就是交易执行。如何执行、执行效果的好坏,每个细微差别都会影响最终交易结果。经常会出现这种情况:如果做纸面上的交易(Paper Trading),交易结果会完全遵循交易决策,是交易决策的最佳效果(因为不牵扯任何实际交易操作),每个人都会认为自己的交易策略很有效。但这只是纸上谈兵,如果投入到实际交易环境中,交易效果往往大打折扣,甚至不赚钱的情况都会出现。这就是交易执行的重要性。大部分读者往往只注意交易策略的重要性,忽略了交易执行的技术细节,这就好比是算法交易的两条腿,缺少哪一条都走不快。有了好的策略还不行,必须还要有强大的交易执行来支撑。如果没有很强的执行能力和很坚定的信心,稍有怀疑,命令执行得不彻底,就根本不可能很好地完成目标。

交易执行模块会根据交易信号模块产生的决定来组建投资组合,整个执行过程基本上在交易成本和交易择时两个主要因素影响下完成。交易执行模块决定了：交易场所——对于日渐多元化的场所，一只证券可以出现在多个交易场所里；执行策略——根据交易目的来选择交易策略，是降低交易成本还是要快速完成交易，或者想二者兼得；交易单类型——在种类繁多的众多交易单中，谨慎地选择交易单可以达到事半功倍和保护交易者信息的效果。

交易后分析主要是专注于交易的预期结果和实际结果之间的差距，非常有助于交易策略和交易执行的不断改进。

对于上面讨论的四个模块——交易前分析、交易信号、交易执行和交易后分析，数据就像流动的血液一样，对整个算法系统非常重要，没有干净可靠的数据，系统根本无法有效运作。我们在经济学中经常说的一句话：Garbage in garbage out。意思就是，无论你的模型有多漂亮，只要输入的数据不靠谱，输出一定惨不忍睹，再好的模型也白搭。所以，金融行业越来越注重数据的质与量。这就是为什么我们提到许多交易环节都可以实现完全自动化，但是数据的提取和净化还是需要人为的监督以减少不靠谱的情况出现。

数据的来源也是多样化的：交易市场的数据应该说是最有质量保证的，各个交易市场的电子化把每个交易的详细数据完整准确地储存起来，甚至每时每刻的交易单列表数据也都很完整。由此数据量有多大便可想而知了。面对海量的数据，算法交易的设计者根本不需要担心交易数据的完整性，而是应该着力于有效数据的提取。另外，大部分实时交易数据都是有价提供的，只有延时数据才会免费提供。经济数据是由一组象征经济状况的指标组成的，相比于交易数据，我们也可以称之为宏观经济数据，例如，每个季度GDP增长率预期、失业率、利率等，这些数据的季节性和时段性很明显，读者在各大媒体都接触过很多了，这里不再赘述。社会新闻类的数据即时性非常强，可以直接反映出投资者乃至整个社会对市场的预期和情绪。有时一只股票的大幅震动，很可能就是因为某个新闻而引起的。

实时数据的分析需要很强大的计算功能支持，而历史数据又可以细分成很多种类。原始数据一般都无法直接被计算机使用，但是信息量是最大的；数据净化是将原始数据中的不完整数据、人为录入错误、噪声和比较离谱的数据删除的过程；根据不同算法的需求，数据可以根据不同的需要和各个因素的重要性，再次经过筛选和过滤。这些被分析过的数据就可以直接被算法使用。

7.2 算法交易分类

当人们提到算法交易时，我想大多是指算法应用在从交易前分析、交易信号、交易执行到交易后分析的整体运作流程而不是指其中某一个特别的环节或单独的模块。而且说到算法效果，交易员肯定也更关心其整体效果，到底赚不赚钱——即使算法系统其中一个环节或模块设计得再精妙，如果不赚钱那它都是无效模型。

那么我们先以一种比较粗线条的方式从策略角度大概地划分一下算法交易种类，使读者有个初步的了解。然后再借用其他分类方式，将算法交易种类介绍得相对细致一些。

还有一点我们要明确的是，在本书中除非有特殊说明，为了阅读起来更轻松和避免拗口,读者在本书中看到的"算法交易"和"算法"都是一个意思,指算法交易。这里的算法不是计算机科学和数学中提到的算法:虽然很相似,但是还有一定的差别。

7.2.1 算法交易策略

算法交易策略可以大致划分出如下类别。

1. 趋势(Momentum)交易策略

如果交易员观察到价格已经开始某种趋势(上升或下跌),并且预测这个趋势还会持续下去,那么在这种市场预期假设前提下的投资就是一种趋势交易策略。趋势交易策略就好比搭顺风车,顺风车搭的上或搭不上,搭的效果好坏要牵扯很多技术细节:如何在趋势的早期将其识别出来,如何预判趋势的有效时限,又如何设定建仓和清仓的时间点,这些都是趋势策略成功与否的关键点。

交易员根据交易量的大小来决定价格趋势的形成与否,并且决定持仓几秒、几分钟、几小时或是更长时间。趋势交易员也是交易员中相对比较辛苦的一种:他们在开市之前就会浏览比较活跃的聊天室、论坛和门户新闻网站。这些被热烈讨论的股票要么有很重要的业绩前瞻,要么就是被股票分析员强烈推荐的。一旦交易开始并且放量就会被纳入趋势交易员的雷达。在通过各种渠道关注各个交易标的新闻的同时,交易员还会关注一下看涨期权的交易量,如果这个量也同样放大,说明期权的价格已经偏离预期了。股票本身的单边价格趋势往往就要开始了。在开市后,交易员要反复检验交易标的是否同时出现交易量放大和单边价格趋势;价格趋势是否明显有别于市场指数或其他行情;价格趋势是否足够显著并且符合之前的预测？在经过一系列筛选后，交易员会留下那些价格快速变化、交易量放大、趋势明显强于大市行情和被外围因素驱动的标的。

趋势交易策略也可以借助技术分析，在历史数据中画出价格走势，显著的向上及向下曲线都是出现趋势的有力佐证。为了更早地识别出价格趋势，交易策略需要找出图形中的突破口（Break Out）。突破口的出现往往预示着更强大的趋势的形成。交易单列表的单边现象同样需要趋势交易员的明察秋毫：当买入单越积越多而卖出单逐渐消失时，预示着市场向上推力的形成。

2013年应该说是美股奈飞单边趋势上涨的一年。这只在纳斯达克上市的股票从1月一直涨到了10月的330美元，在放出了巨量的同时，涨幅达到了260%。这个趋势的推手很大程度来说就是趋势交易员们。330美元每股的价格远远高出了公司本身的估值，就连奈飞公司的CEO也在公开场合中承认了这一点。

2. 均值回归（Mean Reversion）交易策略

如果说趋势投资是以发散的方式来预测价格趋势，那么均值回归就是判断价格走势总是收敛的。这个判断是在大量的历史数据和统计模型的基础上建立起来的。如果证券的价格偏离了由大量的数据和统计模型计算出来的均值，这将为执行均值回归交易策略的交易员创造盈利机会。均值回归的策略可以用以下两点性质简单描述。

- 当前价格大于统计均值时，卖出标的；
- 当前价格小于统计均值时，买入标的。

策略很容易理解，关键是在均值的理解和计算上。举个例子，有些均值回归策略使用 Bollinger Bands 作为一个均值区域。这个区域的计算大致是线性回归均值（不同算法可能不同）加/减一个或多个标准方差（Standard Deviation）。价格只是均值回归策略的一个选择，利率和市盈率（P/E）也是经常采用的方法之一。因此，从数学上理解，只有当价格或其他量化指标远远地超出了正常范围，出现了某种极端情况时，这种策略才会有效。一般的价格波动或增长是不应该被考虑的。而从市场方面理解，这个策略是为了捕捉市场的不正常行为所造成的机会。

均值回归策略的难点在于如何区分异常情况和真正的增长或下跌。在有经验的交易员看来，正常的市场行为一般会包括以下情况：当新产品推出或者研发取得重大突破时，股价会相应上涨；而当公司官司缠身，或者陷入纠纷，或者产品大面积叫停或收回时，股价会向下波动。这些与信息和新闻相关的情况，往往最终会形成一定的走势，很难回到均值状态。而另一类以交易量驱动的市场行情则会成为均值回归策略的获利对象，例如，当主要股东在套现一部分股票时，或当规模较大的投资组合平仓或建仓时，这些都会是造成短时间内价格偏离但最终又回归均值的情况。因此，均值回归策略是否有效，还要归根于策略是否能辨别出是新闻驱动的行情还是交易量驱动的行情；如果是新闻驱动的，新闻的有效性如何？

3. 市场中性（Market-neutral）交易策略

不看多也不看空，对市场采取中立的投资偏好。多头仓位和空头仓位相互抵消后净敞口接近为零，这样可以利用多头和空头捕捉市场上涨和下跌时的机会，并且能够达到一定的对冲效果。除了股票的市场中性交易策略，对于债券、外汇或其他衍生品市场来说，市场中性交易策略也颇为流行——债券投资者可能希望基金经理对联邦基金利率保持中性，即美联储无论升高还是降低利率，都不会对债券组合的价值产生本质影响；外汇投资者可能希望基金经理对美元保持中性，即美元无论升值还是贬值，都不会对外汇组合的价值产生本质影响。

市场中性交易策略意味着基金不承担市场风险，当然也就无法获得市场风险带来的高额回报。交易员只能依靠自己的选股能力、择时能力（Market Timing）和统计模型来获得回报。最常见的市场中性策略有两种：股票市场中性策略和统计套利交易策略。

4. 股票市场中性策略（Equity Market Neutral）

在回避市场风险的同时，抓住多空双边的投资机会。有许多方法可以做到股票市场中性，在拥有多头的同时用卖空股指期货，或买进衍生品等方式来对冲市场风险。由于不承担市场风险，股票市场中性基金的回报率一般都不会太高，但风险更低，而且与大盘几乎没有相关性。对于追求相对稳定的收益回报和较小波动性的投资者和交易员来说，这是一个非常受欢迎（特别是受股票型对冲基金欢迎）的策略。

股票的多头和空头一般是集中在同一个产业或者国家和地区的，这样对冲掉了很多共享的市场不确定因素。因此，策略的盈利机会完全集中到了选股能力上。这也是我们经常提到的"捕捉 Alpha 的能力"。同时，股票市场中性策略也经常应用杠杆，这与对冲基金激进的风格有一定关系。

另外一个特点就是风险分散。实现市场中性策略的主要手段就是分散。分散选股的方法被许多交易员采用。一只大型的对冲基金，股票投资组合中在多头和空头两边往往各有 200～300 只股票。每只股票的仓位也不会大于总体仓位的 2.5%。另一种比较常用的方法是分散主题投资。每个投资主题的特点鲜明，相互之间的关联性很低，不同主题的投资组合就成为了降低市场风险的一个很好的方式。例如，把基本价值研究组合、趋势组合和盈利增长组合这三个主题放在一起，可以起到很好的互相对冲的作用。而且每个投资主题都依赖于很强的择股能力，对于提高组合整体捕捉 Alpha 的能力很有帮助。利用地理差别和工业差别来分散风险也是股票市场中性策略中常用的一种方法。交易员通常把国家和工业领域作为互相绑定的因素，在同一个组合里要么选择不同的工业，要么选择不同的国家，要么国家地区和工业领域都不同，都可以达到很好的分散风险的效果。

5. 统计套利（Statistic Arbitrage）交易策略

根据历史数据和数学模型，计算出几种资产之间的相互关系，一旦市场价格偏离了历史数据关系，就进行交易以套利。统计套利基金最出名的例子是 LTCM，在《金融交易与市场》中我们已有详细讨论。它的失败不是由于采用了对新兴市场债券与美国国债之间的利息差的套利策略。这一点后来被证实非常正确——这个利息差已经严重偏离历史水平而且最终回归原位。只是他们没有撑到利息差回归原位的时候，就被迫平仓了。统计套利交易策略是纯粹的定量模型，是算法交易策略的一类经典代表。

统计套利交易策略是需要量化模型和大量计算支持的策略，同时要有数据挖掘和高性能自动化的交易系统支持。目前的策略与高频交易相结合，一般持仓时间在短短几秒之内或者几分钟之内，最多也不会超过一天。股票的持仓很小，每只股票的仓位也不是很重，但是换手率很高，这些特点都反映了统计套利策略降低成本和风险的核心要求。

配对交易（Pair Trading）策略是最早期、最简单也是最成功的统计套利。它根据市场相似度或者基本面相似度将股票匹配成一对，协整系数最大的一对。从数学上讲，相关系数还不能完全描述两只证券之间的关系，需要使用时间序列中的概念。在配对交易策略的概念上延伸出去，就是今天的统计套利策略。一个投资组合中可能会有几百只股票，往往是通过矩阵计算小心地选出股票，以消除某一行业、某一工业和某一个国家地区的相关风险。在组建投资组合的过程中，基本上采取了量化的方式。首先，策略会根据股票近期的市场表现和其他方面计算股票的遴选值，由高到低排序，最高值的股票可以买入，最低值的股票可以做空。例如，在最近几周涨幅很大的股票遴选值就会较低，可以作为做空的对象；而表现低迷的股票其遴选值会较高。然后，策略再根据降低市场风险的需求选择做多和做空股票。

总体上来看，统计套利策略是一个典型的自底向上组建投资组合的过程。使用各种数学和计算工具组建投资组合的过程都是体现市场中性特征的过程。在《多德-弗兰克法案》出台之前，统计套利策略是所有投行自营团队必备的投资策略。当任何价格的非有效性出现时，统计套利都会以最快的速度发现并且获利了结。在美国股市中，这种机会的出现往往不会超过3秒。

6. 风险中性（Risk-neutral）交易策略

我们前面讨论的市场中性策略更多的是仓位的净敞口为零，但不意味着市场中某些特定风险为零。风险中性是相对于风险厌恶（Risk-aversion）而言的。多头仓位的风险和空头仓位的风险是需要精确的计算才能获得的，并不是相同的仓位敞口就一定有相同的风险敞口。1亿美元的多头和1亿美元的空头并没有等值的风险敞口，也就是说，虽然仓位多空净敞口为零，但是净风险敞口不一定为零。依据市场经验，空头仓位的风险往往远高于多头风险。风险敞口的计算需要及时的市场数据更新和精确的计算。算法交易系统在这一点上优势尽显，远远精确过人为的口头估算。

7.2.2 按交易各因素分类

如果细分的话，目前应用于市场的算法交易有上百种。根据不同的需求，买方交易员或卖方交易员会对算法有特别的细节要求，因此每个算法会因地制宜并且融合一些特点鲜明的因素。在我们将交易算法细分之前，需要先确定决定交易算法的几个主要因素，然后再依据各个因素来分类。交易员无非是对交易价格、交易量和交易时间中的一个或几个有明确的要求。我们将根据这三个因素来区分算法。

第一类算法是专门按照固定的进程来执行交易策略的。交易过程和步骤是事先决定的，一旦交易被触发开始执行，人为干预和即时调整的机会很少。例如，时间加权平均价格算法与交易量加权平均价格算法分别以时间和历史交易量为主要决定因素来分配交易量。这些因素在交易开始之前，都已经被算法精确分配好了——哪些时间点提交交易单，子交易单的大小等。就像我们在算法交易的历史中介绍的那样，这一批算法最初将交易员从重复、简单、交易量较小的工作中解脱出来，并不断加进一些数学分析而演变成今天的模式。尽管后面出现了丰富的算法交易类型，但是这一类算法就如同一个建筑物的主体支架一样是所有其他算法的根基。这也是为什么直到今天许多买方交易员仍然使用时间加权平均价格算法和交易量加权平均价格算法作为主要交易效果评测标的。

随着交易量的增加以及辅助完成交易的工具的多样化，交易员们不再仅仅满足于交易的完成，而是根据不同的市场情况有了更高的要求。例如，为了降低交易对市场的冲击和机会成本，交易员使用执行价差算法

（Implementation Shortfall，简称 IS）。执行价差算法能够让交易员在尽量短的时间内完成交易，降低机会成本；但同时又需要减少市场瞬时冲击对交易价格产生的不利影响。由于在使用 IS 下单前，交易员会设置好限价，算法会根据这个预定目标和市场交易数据快速计算出交易策略的实施方案。

交易量百分比（Percent of Volume，简称 POV）的预定目标相对简单和清晰，算法紧紧咬住每个时间段内的交易量，根据交易员的进度需求预设交易量的百分比。例如交易员预定目标为 5%，就是说算法要在规定时间内以占当前每笔交易的 5% 的规模安排交易计划。这个数值的设定很有讲究，过高有可能对市场冲击过大，对最终交易价格造成不利的影响；过低很有可能完不成交易，机会成本增大。

配对交易和差值交易（Spread Trading）都是在套利交易策略的基础上设计出来的。当两只或多只证券偏离了它们本身的统计关系后，配对交易策略开始建仓，在其回归后再清仓获利。差值交易使用的是同样的方式。在整个交易过程中，几只关联证券的建仓比例保持在一定范围之内，风险也需要控制在一定范围之内。试想如果多头的一端已快速建好仓，而空头一端迟迟没有完成，不但盈利的机会可能会被错失掉，还可能因为没有及时对冲风险造成额外的损失。特别是我们后面介绍的高频交易和超高频交易，机会转瞬即逝，如果没有把握住——交易执行的效果不是很好——就很可能变成了亏损。在传统的配对交易和差值交易的基础之上，基于两只关联证券的配对交易会很快发展成一组相关证券的算法交易，再加上期货电子交易的帮助，指数套利算法交易诞生了。

以上几种算法交易都是按照特定目标（交易量、交易价格和交易比例）来设计的，而这些目标都是交易员在交易前事先考虑好的，然后按照既定目标执行。我们统一把这几种算法归为表 7-1 中第二个分类：预先设定标的的算法交易。

表 7-1 算法交易按交易执行要素划分

标的特点	微观因素	算法种类
进度	时间	时间加权平均价格算法（TWAP）
	交易量	交易量加权平均价格算法（VWAP）
预先设定的标的	交易量	交易量百分比（POV）
	交易价格	执行价差（IS）
	比例（价格、交易量）	配对交易、差值交易
动态设定的标的	交易价格	标的价格关联（Price Inline）
		收市价格（MOC）
以流动性为标的		搜寻流动性的算法
		智能交易单分派（Smart Order Routing）

算法交易继续进化的道路上碰到了随机应变的问题。这可能也是计算机永远无法完全取代人工交易的原因。市场变幻莫测，交易员越来越希望算法交易不只是单纯地重复某种固定动作，而是能够根据突变的情况作出最快的反应。算法交易的局限性或者说目前的局限性就是只能按照既定的程序来执行，突发情况永远无法被事先编入程序。交易员应急的能力大多数来自日复一日的经验积累、被人们描述得出神入化的直觉和好运气。除非人工智能可以带来突飞猛进的技术革新，否则想依靠算法交易完全取代有经验的交易员只是纸上谈兵。但是人们并没有放弃尝试，金融工程师们努力地在算法交易中加入简单的随机应变能力。

第三类算法交易是为动态标的设计的。标的价格关联（Price inline）算法交易是根据市场价格与限定价格之间的比例来决定交易量和交易时间的。举个最简单的例子，如果交易员设定买入股票 ABC 的限价是 10 美元，当股价是 9.99 美元时，算法切分交易单开始缓慢地买入。当股价是 9.95 美元时，算法可以稍微增加一些交易量……当股价是 9.5 美元时，算法给出的指令很可能是有多少买多少，因为该算法交易很可能认为此时是 ABC 在市场短期内的底部，应该抄底。算法通过市场价格与限定价格之间的动态变化来实时决定交易的进度。

收市价格（Market On Close，简称 MOC）算法是买方交易员最为偏爱的交易工具，特别是一些公募基金的交易员。因为公募基金的资产净值是根据证券的收市价格来计算的，公募基金的交易员为了保证交易不出现非收市价格所带来的亏损，最简单和省心的方式就是所有交易都以收市价格完成。虽然也缺少了交易获利的机会，但至少不会出现亏损。算法一般会从收市前很短的一段时间开始（5 分钟或 10 分钟），如果开始得更早，很可能是因为交易量较大而不得不提前开始。

算法交易发展到第四代，交易员最终会把注意力集中在交易流动性上，就像我们前面阐述的那样，找到了流动性就意味着找到了盈利和降低风险的机会。为了找到流动性，算法开始变得越来越智能化了。交易员喜欢把探查或搜寻流动性的算法交易称为"游戏算法"（Gaming），出处可能来源于数学界的博弈论（Game Theory）。我们举个简单的例子来解释这类"游戏"是怎么玩儿的。

买方交易员不管是买入还是卖出都很关心流动性的来源，因为这是完成交易的前提条件；卖方交易员同样也很关注流动性，因为不管交易对手提供流动性还是索取流动性，都会有盈利的机会出现。通常买方交易员用算法将交易单提交到黑池里或者提交到交易所中，并将限定价格控制在最佳买卖报价的中值上。而他们的主要交易对手——高频交易员——会试着发出 100 股限价在中值的试探性交易单。如果这 100 股交易快速完成了则说明在这个价位可能潜藏着一个大单。

当这个大单是买入交易单时，高频交易员会逐渐地将卖价提高，从而逐渐地提高了成交价格。虽然一直是在最佳买卖报价的中值完成交易，但买方交易员一直在不知不觉的情况下提高价格以完成买入而交易对手则以相应的较高价格卖出。这个过程将在买方交易员完成买单时结束或者在触及买方交易员的最高买入限价时停止。一旦停止，这只证券的市场价格会很快地回落到交易开始的价格——因为这是交易对手在人为地提高价格，并没有真实的买家出现，高频交易员再以较低的价格买入做空的证券而平仓获利。

纳斯达克证券交易所和纽约证券交易所为了鼓励做市商提供流动性，还提供了一种"Post Only"的交易单，意即只是挂在那里显示并不需要真正完成交易的交易单。正是这种交易单大大方便了以探查流动性获利的算法交易。

如果最佳买单和卖单的限价分别是 20.00 美元与 20.02 美元，买方交易员很可能以比较隐蔽的方式（Hidden Order）将交易单以 20.01 美元的价格提交到交易所。任何满足 20.01 美元的交易单都会遇到这个隐藏着的流动性。如果高频交易员在这个时候发出了一个 20.01 美元的 Post Only 交易单，这个交易单实际上并不能与买方交易员完成交易而是挂在了 20.00 美元的价格上。这个算法的受益者不仅因为提供流动性而从交易所收到了补贴，而且还探查到了一个隐蔽的流动性。

与流动性探查者的游戏算法相对应的就是为流动性提供者服务的反游戏（anti-gaming）算法。二者之间的争斗随着不同理论和高端硬件技术的引入而不断升级。就目前而言，游戏算法与反游戏算法的较量用到了行为学、心理学、程序逻辑、应激反应理论和精确的数学模型。听上去比较恐怖吧？

最早的电子交易系统是为了小额市价交易单设计的，随着技术不断成熟，交易单的交易额限制不断增加，也加上了限价交易单功能。一些买方交易员在早期已经开始尝试用这种电子通道直接连入交易所交易。在经过20世纪80年代各个交易所电子交易系统大规模地更新换代之后，电子交易系统逐渐地吸引到了大的买家和卖家。即使这样，系统还是严格地规定了每单交易额的上限，超出限额的交易单还是要由专家交易员或做市商经手完成。这就是早期的电子通道交易形式，由于它只能做一些单一的交易动作，还不属于算法交易范畴。但是这个通道技术上的不断成熟和演进给算法交易提供了发展上的另一种可能。

7.2.3 按策略设计和策略执行来划分

如果我们以市场的服务角色来划分交易员，无非就是分为两大类：买方机构交易员和卖方机构交易员。因此，我们也可以从买方和卖方交易员使用交易工具的不同角度来划分算法交易。卖方交易员一般都以代客执行交易为目的，将交易执行效果最优化。根据优化程度有以下几类算法交易。

1. 做市商策略类算法

简而言之，就是把做市商或专家交易员能自动化的全都自动化。用精细的算法来模仿传统做市商的交易策略，除了向市场提供流动性外，以最佳买卖差来赚取利润，当然也涉及风险实时计算的问题。但是由于做市商持仓从来都不超过一天，风险计算相对比较简单。从算法交易发展的历史来看，做市商自动化交易算是比较早期的开发领域。毕竟买低卖高、持仓风险最低的策略相对比较容易用程序复制，算法交易的快速报价和及时的风险退出也是人工交易所不及的，因此这个领域一直是卖方交易员，特别是投行的兵家必争之地，谁都想拿到最容易赚的第一桶金。时至今日，一些专注于交易策略的美国金融公司和投行一直统治着大盘股的报价和流动性，美国的交易市场结构也因之发生着巧妙的变化。

快速的市场数据和交易信息接入、快速的交易所直连通道和快速的计算机处理能力可以让你抢在别人前面，比别人拥有更多的交易机会。如果交易市场的突发事件第一时间出现在了你的系统里或屏幕上，那就意味着你可以立于不败之地。软件技术上和硬件技术上的比拼从算法交易诞生之日起就一直处于白热化的程度，无论是早期的算法交易还是新出现的算法交易，无论是服务于买方的算法交易还是卖方设计的算法交易，"快速"永远是制胜的法宝之一。

2. 交易执行类算法

针对降低或最小化大额交易单对市场的冲击而设计的算法交易，通常是将大额交易单细分得很碎，慢慢地释放到市场中去。例如，时间加权平均价格算法和交易量加权平均价格算法。显然这类算法将常规的、重复的简单交易动作程序化，从而大大提高了交易效率，同时又适当地加入了一些历史数据作为佐证来调整参数，在完成交易的同时尽可能地降低对市场的冲击。

坐在金融食物链最上层的养老基金、退休基金和教师基金的交易员们最终注意到了交易成本的重要性，开始向卖方寻求降低交易成本的交易工具。美国 ITG 投资科技集团（Investment Technology Group, Inc.）在这个方面做了许多详尽的研究，并提出了很多分析理论，但却不是这个金矿的第一个获利者，反而是嗅觉灵敏的投行抢得了先机。还有一批推崇最佳交易执行效果的被动型指数基金，它们不是以追求 Alpha 为主要目标，但是基金的业绩好坏主要体现在交易的执行效果上。这些从绝对金额上来讲的庞然大物自然是卖方交易员的大客户，在大幅度改进交易执行效果并与高附加值交易竞争客户的时候，作为低附加值交易一部分的算法交易和 DMA 必然会降低佣金以增加竞争力。

3. 交易执行附加策略类算法

在买方交易员提出了具体要求和交易目标的前提下，卖方交易员将交易执行的各个环节进一步细化。例如，在再平衡投资组合时，此类算法交易可以在读取市场实时数据的同时生成交易信号，为现有仓位寻找套利机会；如果是做市商的策略，该算法可以自动报价和自动对冲风险等。与执行算法相比，这些策略增加了自我保护（对冲）的机制，在可能的条件下，还可以利用套利机会获利，特别是实时的市场数据读入可以帮助算法更好地根据市场情况变化。

4. 隐身策略类算法

这类算法交易用来捕捉当价格或者流动性出现大幅波动时所带来的机会，或者用来识别其他算法交易的固定模式。前两种算法交易以完成交易为主要目的，而附加策略类算法在这个前提下又添加了一些细节，要么更好地追求执行效果（更好的交易价格），要么捕捉一些获利的机会或者提前锁定交易价格。而隐身交易算法更像是在尽可能地追求最好交易效果的前提下完成交易，交易员并不追求在很短的时间内完成交易，而是更关注交易的时机。这听上去特别像以刺杀为目的而藏在暗处的忍者，伺机行动。许多金融机构因此就以"忍者"命名此类算法。

没用多久人们就意识到新出现的算法交易可以被买方交易员直接利用。因此我们可以从买方交易员的角度来解释另一大类算法交易，更侧重于利用算法交易直接在交易市场上获利，并随着科技和市场的不断演进而融入了高频算法交易的设计——对市场反应更快、对市场重要信号更敏感的算法会帮助交易员获利。

最早期的算法交易的出现并不是为了减少瞬时冲击或满足某种交易价格标的评估，而是为了让公司可以放心地将资本投入股市。20世纪80年代，摩根士丹利雇用了一个物理学博士来研究自动化交易，后来又雇用了哥伦比亚大学的一个计算机教授来研究怎样把当时最先进的 Unix 系统与交易市场连接起来。这个教授后来以自己的名字搞了个对冲基金，就是现在大名鼎鼎的 D. E. Shaw & Company。财大气粗的高盛自然不会落在后头，高盛建立了算法交易团队，在实战中使用计算机识别交易机会并完成交易。这些算法主要集中在以下两类策略：套利策略类和流动性探查类。

套利策略类：低买高卖。我想大多数读者通过各种方式对套利交易已经有了很多了解，这里不再多说了。计算机利用统计规律来建立套利模型，当证券之间的价格关系超出一定范围时，算法会建立适当的仓位以等待趋势回归后获利。

流动性探查类：交易员将精力完全集中在潜在的交易机会上，如果进行交易也是在确保有获利可能的前提下完成。算法不停地发出小额交易单以试探大规模流动性的存在。一个相对规模较小的交易单被迅速完成，往往说明比较隐蔽的流动性的存在。大规模而隐蔽的流动性说明了潜在的交易机会,对方交易员也同样等待交易机会的出现。

本章总结

算法在不停地演进,变得越发智能化。算法交易可以用很小额的交易单在各个交易所去探测完成或被替换的反应速度,以探明交易市场的实际情况;在传统的数据库概念之外,算法可以吸取各种形式的信息,并把不同形式的信息转变成有用的信号;算法交易还需要交易员善用分析工具,从而时刻清楚自己的能力和不足。

当市场的交易量集中度越来越分散化,市场结构也越来越复杂时,再加上十进制报价的出现,传统的交易单列表和最佳买卖报价的信息量已经大幅缩水。另外,新的交易市场的出现,黑池和电子网络交易平台的快速发展也为算法交易的成长提供了沃土。当算法发展到以毫秒级别的速度来取消和替换交易单时,它就可以取代大部分人力了。量化模型和人工智能的超级组合被市场证明了相当得有效。但是,至少到目前为止,算法交易还无法完全、也不可能完全取代人工交易——对于一个突发事件或新闻,人们总能采取不同的对应方案;而对于算法交易来说,只有当这个事件或新闻在已设定的范围之内时,它才能作出反应。而更为实际的是,我们应该将重点放在思考算法交易和人工交易如何更好地结合和互补上。

第八章

算法交易的下单决策

算法交易有感官,通过这些感官获得市场信息、交易数据、报价、交易单列表、市场情绪等。这些数据越来越及时准确,以满足交易精准到一定程度的要求。算法也有心脏,驱动着提交、取消、修改和替换交易单等动作。这些构成就像人类的眼、鼻、口、耳和心脏。在感官和心脏之间,算法还需要"中枢神经"来控制它们。而这个"中枢神经"是一套精密的程序,它们由数学模型、各种设定环境和条件参数以及不同的流程来组成。

作为算法交易的输入,市场数据的准确性、及时性和完备性关乎算法最终的执行效果。所谓"Garbage in garbage out"就是这个意思,使用设计再好的算法,如果输入数据很烂,那也是白费工夫。为了保证数据的质量,许多算法交易选择两个以上的数据服务商,一旦一个数据服务商的数据有延迟或错误，其他端口可以继续工作。但是不管有多少个数据接入备份，如果算法交易总是拿到第二手的资料，总会有延迟。于是交易员和算法交易的设计者们将交易原始数据直接接入算法，而绕开像彭博和路透社这样的数据信息中介商。

有了传感器、驱动器、控制系统和高质量的数据来源，算法交易还需要速度快和保密性高的通信通道。因此，载有算法交易程序的服务器被放在了交易所的数据中心（世界上所有知名的交易所都会提供"设备托管交易"服务），与交易所的计算机系统只有一墙之隔，最大限度地消除物理延迟和数据泄露。

交易市场的分散化和多样化也为算法交易的实施和选择提供了良好的环境。投资者的多样性使其对流动性有着不同的需求，正是这样的投资者结构使整个市场更为透明、有效、稳健和富有弹性。较复杂的市场结构也会给探查流动性的算法制造机会，去发现价格在不同市场之间的不合理性。这些算法在学术界中的争论很大，它们在发现合理价格的同时也会伤害到流动性提供者的利益。

时至今日，量化交易发展非常迅速。作为量化交易核心之一的算法交易也越来越受到关注。算法之间的优劣竞争就像是一场军备竞赛，算法交易的设计者在各个方面加大投入，也不停地突破极限。因为算法性能的优劣直接关系到交易的盈利与亏损，这可是一场实打实的、刺刀见红的算法战争。

我们会以下单技术和交易执行两部分来简单介绍算法交易的实现。而在下单技术的实现中又包括估值、交易价格的定价过程和下单决策。

8.1 下单技术的实现

算法交易流程走到下单这一步，直接要面对的就是真枪实弹的市场考验。如果下单风格过于激进，在快速完成交易的同时，你的交易意图过于明显，那么对市场的冲击会很大；但是如果过于小心，又很可能完不成交易，造成巨大的机会成本。下单技巧就是在这两个方面之间，找到一个最合适的策略平衡点。

有若干因素决定了如何下单，或者说决定了交易单完成的概率，下单的技术环节就是将这个概率最大化。显而易见，市场价格、流动性、波动性将决定交易单的大小和限价；市场的微观结构将决定我们把交易单送到哪里才会被很好地完成；对未来市场价格走势的预期与判断会给机会成本设定一个必要的上限；而从历史数据中，算法交易会借鉴一些有价值的经验。

下单技术环节主要包含两个重要的过程，将这两个过程理解透了，读者自然会明白下单技术实现的要点：一个是估值过程，另一个是交易价格形成的过程。

8.2 算法交易估值过程

8.2.1 传统估值过程

关于估值过程，笔者在这一节将只把主要的概念阐述清楚，读者可以从其他相关书籍中了解到更多细节。交易员对交易标的的估值，直接反映到交易语言上来说就是：如果觉得市场价格高于自己的估值，卖；如果觉得市场价格低于自己的估值，买。贴现现金流（Discounted Cash Flow）模型是很经典一个估值模型，它将资产未来的资金流动以贴现的方式叠加起来算出当前的价格。如果贴现率高，这个模型产生的估值就偏低；如果现金流入较大，估值就会偏高。对于具有固定收益特性的资产来说，用贴现现金流模型估值相对来说比较容易，因为现金流的时间表和规模都是事先规定好的；而对于股权类的资产这个模型就相对复杂，因为经济实体的现金流受到很多因素的影响，很难准确地预测出来。不过，从20世纪30年代以来就有相关研究展开了。

因为公司的不同特性（例如，一些投资回报较高的公司会将盈利继续投入生产当中而不急于增加股东的分红，而有些公司可以永久地进行分红等），在贴现现金流的基础上衍生出了 Gordon 成长模型（Gordon Growth Model）。公司的估值是由当前的股票价格、分红、分红增长率和贴现率来决定的。

8.2.2 做市商的持仓估值模型

从市场微观结构的角度出发，交易员提供了许多其他估值方法。作为做市商和专家交易员，控制仓位风险是首要任务，因此仓位与市场的供求关系成了影响做市商估值的主要关系。我们在《金融交易与市场》里详细地介绍了做市商和专家交易员的盈利模式。因为他们不是投资者，所以他们不会对任何证券长时间地保持仓位，很少隔夜持仓，仓位的大小只要足以支持客户的需求即可。在满足流动性的同时，做市商会调整报价以保持理想仓位，以及最大限度地降低仓位的风险。最佳买卖差（Spread）反映了他们提供流动性的成本。如果仓位远离理想仓位或者持仓风险很高，最佳买卖差会迅速加大。当然，如果做市商的资本充足，最佳买卖差不会随着市场的波动而剧烈波动；而资本相对较小的做市商给出的最佳买卖差对市场变化比较敏感。

举例来说，如果做市商的仓位较低，他会提高最佳买入的报价以吸引卖出者，而同时又提高卖出报价，以降低买家的兴趣，这样可以不断补充仓位。如果做市商的仓位偏高，为了避免过高仓位带来的风险，他会降低买入报价来拒绝过多的卖出者，并降低卖出报价来吸引感兴趣买入的交易员。

交易所通常规定做市商的报价不能超出一定范围，做市商不能为了卸掉仓位而一味地降低报价，也不能让价格无限制地升高来加仓。没有上下限的结果就是市场上一有风吹草动价格就会大起大落，根本没有足够的深度来保护投资者。因此，监管机构应该针对交易标的的特性研究一个合理范围来规范做市商的报价。那么问题来了，如果价格被限定在一定范围内，做市商又如何降低仓位风险呢？除了改变价格，做市商还可以改变报价单的大小：很小的买入量使卖出者望而却步；很大的卖出量会吸引买家。

如果交易所允许多个做市商存在，那么每个做市商将根据各自资金实力的不同而制定仓位限制，这也将造成每个做市商的报价不尽相同。在相互竞争的条件下，每个做市商的报价都不一样，但是从市场的整体效果上看，所有报价汇聚在一起的最佳买卖差肯定小于只有一个做市商报价的最佳买卖差。交易市场的一些细节也会影响持仓模型的最佳买卖差。在刚刚开市的一段时间里，最佳买卖差有可能偏大是因为仓位很可能没有达到做市商的理想水平；而到了快要关市的时候，最佳买卖差又能显著增大的原因是做市商不希望将仓位保留到下一个交易日；流动性较好的交易标的往往有很小的最佳买卖差，因为有足够的流动性可以降低做市商的风险，使做市商持仓的成本很低。

8.2.3 信息估值模型

以固定收益类的证券为例，证券的现金流已经早就安排好了，影响证券价格最大的因素就是各种公开与非公开的市场信息。如果宏观经济指标的公布出乎人们的意料，贴现率将会出现变化，进而影响证券的估值。估值变化往往是与消息对市场的震惊程度成正比的。特别是股权类证券，当现金流也变得无法准确估算时，各个渠道的消息就更能深刻地影响股价。信息估值模型试图将这种信息不对称的因素结合到估值过程当中。如果交易员具有有效交易员的特点，那他们当然拥有信息不对称的优势，所有交易员都不希望他们是有效交易员的对手方。这种交易市场中出现的信息不对称的现象被称为"逆向选择效应"（Adverse Selection Effect）。

同样是在做市商的报价中，如果考虑到了逆向选择效应，最佳买卖差的设定就应该可以补偿这个潜在的损失。最佳买卖差可以反映出做市商对市场风险的敏感度。市场波动性的增大同样会增大最佳买卖差，充足的流动性和市场深度会减小最佳买卖差。而当做市商之间的竞争增大时也会减小最佳买卖差。但是当考虑到逆向选择时，做市商会用最佳买卖差和报价的范围来保护自己，特别是当信息公布的前后一段时间内最佳买卖差会明显增大。

在交易单驱动（Order Driven）的市场中，理论上最佳买卖差是出于交易员用不同的估值模型所计算出的价格。但是更多的学者发现，在这种快速的交易市场中，最佳买卖差在反映估值不一样的同时也考虑到了逆向选择的风险溢价。往往早上出现的最佳买卖差偏大的情况，多半就是出于信息不对称的原因。

8.2.4 交易单列表估值模型

在交易所还没有采取十进制的报价时，交易单列表（Order Book）通常都隐含着大量信息。研究学者们从一开始就考虑到这个因素对估值的影响。首先，交易单列表可以反映出市场对这只证券的供求关系，以及这只证券流动性的供求关系——用经济学最基本的常识来估算证券的市场价格，显然合情合理。如果交易员看到自己想要买卖的股票基本没有什么单挂在外面的话，他们会变得很小心，不会急于完成交易，会把交易单挂在一个自己觉得舒服的价位上。渐渐地，当交易员不断挂单，当交易单列表足够长的时候，比较激进的交易单一定会出现。另一种情况就是交易单列表中挂的限价单已经很多了，新提交的交易单往往更主动一些，以便增加被成交的概率。所以，现有限价单对新交易单提交的形式、价格和规模都有很大的影响。最简单的例子就是，如果你买入，当你看到跟你同样买入的交易单增多时，为了完成交易，你会更主动一点，更偏向于直接与你心理价位较接近的限价单成交；而同样，当卖出的交易限价单相对于买入单多出很多时，卖方也会比较激进一点以完成交易。

8.2.5 混合估值模型

持仓估值和信息估值的混合模型可以用来模拟大部分做市商的估值过程。仓位风险加上逆向选择风险是做市商和专家交易员时刻考虑的因素。

再复杂一点儿的模型就是把逆向选择和交易单列表的信息都考虑进去的估值模型。一些学者发现以下这些信息或数据会影响交易员的交易策略：买卖单量差、前面交易单的成交状况、短期价格的波动、短期价格的趋势、最佳买卖差、交易时间段、交易时间间隔等。

举例来说，在大部分情况下交易员最担心的是不能完成交易所造成的机会成本。因此，交易员会时不时地回顾刚刚交易完成的情况和交易单提交的方式。如果是买入，交易员担心自己因错误估值造成限价错误或者因为信息不对称被交易对手占到便宜，他们会非常注意前面买单的完成情况以控制速度；同时，一个短期向上的价格趋势会迫使交易员更加主动积极且快速地完成买单。所以市场价格的形成和各种估值的过程也反映了交易员对错误成交和机会成本两种情况的不同态度——对于买入交易员来说，错误成交的出现会将估值拉低，这种顾忌会放慢成交速度，而机会成本的提高会增加交易员买单的积极性。

8.3 交易单驱动的市场中交易价格的形成过程

交易价格形成的过程其实就是交易单匹配的过程。这一过程在算法交易中的英文术语是"Price Discovery"，这个"Discovery"用得非常好，它的本义是探索和发现，而这一点正符合了交易价格在逐步形成过程中的特点：不可预知，逐步完成。笔者想了很久，一直没有找到与之对应的中文，所以暂以本义的中文来代替。

在交易单驱动的市场中，只要一有新的交易单在交易系统当中被提交、被取消或者被更改，都会启动匹配规则来匹配一遍所有有效的交易单。由于交易单驱动是当今交易市场的主导模式,我们在这里再简单地帮读者回顾一下交易单驱动市场中几种常见的匹配规则。

8.3.1 价格／时间优先匹配规则

一般来说,价格永远都是第一优先选择。交易所根据不同的交易产品选择不同的方式作为匹配规则的第二级优先,例如,在股票市场常用的有时间优先——交易系统会将同一价格的交易单按提交时间排序。

表 8-1 交易单列表初始状态

卖方				买方			
时间	ID	数量（股）	价格（美元）	价格（美元）	数量（股）	ID	时间
10:21:34	S4	600	10.1				
10:19:14	S3	1000	10				
10:19:13	S2	1000	10				
10:19:01	S1	600	10				
				9.9	400	B1	10:15:32
				9.9	900	B2	10:15:56
				9.8	700	B3	10:17:28

表 8-1 模仿了一个简单的交易单列。表 8-1 中卖方有三笔交易单挂在同一限价 10 美元上,但是因为交易单提交的时间不同,这三笔交易单的排序不同——较早被提交的交易单优先级较高且排序靠前(优先顺序是从下至上的,S1 为优先级最高的)。而在买方交易单中有两笔交易单挂在同一限价 9.9 美元,也是因为提交的时间不同而排序(优先顺序是从上至下,B1 为优先级最高)。如果这时有一笔买入市价单出现,大小为 2000 股,那么交易系统将先后匹配排在第一和第二的交易单,由于数量有限,排在第

三位 S3 同样是限价在 10 美元的交易单只能完成 400 股，还剩 600 股继续挂在交易单列表里，如表 8-2 所示。

表 8-2　交易单大小为 2000 股、限价为 10 美元的买单被匹配后的状态

	卖方				买方		
时间	ID	数量（股）	价格（美元）	价格（美元）	数量（股）	ID	时间
10:21:34	S4	600	10.1				
10:19:14	S3	~~1000~~ 600	10				
~~10:19:13~~	~~S2~~	~~1000~~	~~10~~				
~~10:19:01~~	~~S1~~	~~600~~	~~10~~				
				9.9	400	B1	10:15:32
				9.9	900	B2	10:15:56
				9.8	700	B3	10:17:28

如果有一笔卖出的市价单出现，大小为 1500 股的话，那么排在优先序列里最前端的两只交易单将全部完成，而挂在第三位 B3 的交易单将部分完成（只有 200 股被交易，500 股被留下），如表 8-3 所示。

表 8-3　交易单大小为 1500 股、市价卖出单被匹配后的状态

	卖方				买方		
时间	ID	数量（股）	价格（美元）	价格（美元）	数量（股）	ID	时间
10:21:34	S4	600	10.1				
10:19:14	S3	1000	10				
10:19:13	S2	1000	10				
10:19:01	S1	600	10				
				9.9	400	B1	~~10:15:32~~
				9.9	900	B2	~~10:15:56~~
				9.8	~~700~~ 500	B3	10:17:28

8.3.2 价格／比例匹配规则

在二级匹配规则中，期货交易市场广泛采用的是按照比例原则决定每个交易单的成交数额的方式。当以价格排列出优先顺序之后，在同一价格的各个交易单的成交量将由该单占所有交易单总量的比例来决定。很明显，这种匹配规则是奖励大额交易单的——统一价格上，不论时间先后，交易额较大的交易单总能被分配地更多，而时间的优势被相对弱化了。使用同样的交易单列表（表8-1），如果利用比例匹配规则的话，结果如表8-4所示。

表8-4 按交易单大小比例匹配结果

	卖方				买方		
时间	ID	数量（股）	价格（美元）	价格（美元）	数量（股）	ID	时间
10:21:34	S4	600	10.1				
10:19:14	S3	~~1000~~ 231	10				
10:19:13	S2	~~1000~~ 231	10				
10:19:01	S1	~~600~~ 138	10				
				9.9	400	B1	10:15:32
				9.9	900	B2	10:15:56
				9.8	700	B3	10:17:28

限价卖出单S1、S2和S3都没有被完成，而是按相应比例分配：S1得到的分配是23%左右，S2和S3得到的份额是38.5%左右。不同的交易所对小数点后面的要求不一样，我们在这个例子中用四舍五入为例。交易所为了增加市场的流动性和透明性，鼓励交易员在设置限价交易单的时候更主动一些，价格更激进一些。例如，在同一价格的限价单中，以时间顺序排在第一位的交易单被最先匹配，而剩下的其他交易单则按比例来分配。如果使用此规则，则最后的成交结果如表8-5所示。

表 8-5　按价格／时间／比例优先原则的匹配效果

时间	卖方			买方			时间
	ID	数量（股）	价格（美元）	价格（美元）	数量（股）	ID	
10:21:34	S4	600	10.1				
10:19:14	S3	~~1000~~ 300	10				
10:19:13	S2	~~1000~~ 300	10				
~~10:19:01~~	~~S1~~	~~600~~	~~10~~				
				9.9	400	B1	10:15:32
				9.9	900	B2	10:15:56
				9.8	700	B3	10:17:28

因为价格和时间上的优势，限价单 S1 被最先匹配，市价单 2000 股中的 600 股被匹配。而 S2 和 S3 则要根据比例原则匹配，由于它们各占 50%，因此每个交易单被完成 700 股。比较两个匹配规则下的不同结果，在价格／时间／比例的原则之下，表 8-5 展示了 S1 被完全成交的情况。在鼓励大交易单向交易所提供流动性的同时，也鼓励了更积极的限价，降低了交易成本。

交易所对不同产品可以在匹配规则上有细微变化，以符合该产品的特点。例如，对同一价格的交易额设有一个最大限制，这样可以鼓励流动性，造成每个限价中较大份额的限价单有很大的优势，一旦成交会按比例得到较大的份额；交易所同样可以对每个限价交易单设有一个交易额的最小要求，这样可以防止一些交易员以很小的交易量来恶意获取价格和时间上的优势。另外，还有一种规则在货币期货交易中也很常见，匹配过程大致可以分成三个阶段：第一个阶段还是价格优先规则，按价格来排序；第二阶段是按照比例原则来分配交易额，被分配的交易额只能以整数出现，例如，如果被分配到 38.5 则化整为 38；在第三阶段中，第二阶段化整剩下的额度将以时间顺序来排序，较早提交的限价单将有机会得到额外的额度。

以同样的例子，如果这时候有一笔大小为 500 股的卖出市价单提交，那么完成的过程如下（因为其他卖出限价单不受影响，笔者省略买单）。

第一阶段：排在价格优先的第一个限价单被完成，剩余 100 股，如表 8-6 所示。

表 8-6 先按价格优先匹配后的结果

价格（美元）	买方		
	数量（股）	ID	时间
~~9.9~~	~~400~~	~~B1~~	~~10:15:32~~
9.9	900	B2	10:15:56
9.8	700	B3	10:17:28

第二阶段：剩余 100 股的市价单按比例分配，但不能出现小数，如表 8-7 所示。

表 8-7 按比例原则匹配后的结果

价格（美元）	买方		
	数量（股）	ID	时间
~~9.9~~	~~400~~	~~B1~~	~~10:15:32~~
9.9	~~900~~ 844	B2	10:15:56
9.8	~~700~~ 657	B3	10:17:28

第三阶段：因为化整剩下的 1 将分给时间顺序上排在第一位的限价单。最后结果为 B1 被完全成交，B2 剩下 843 股，而 B3 还有 657 股未被成交，如表 8-8 所示。

表 8-8 将剩余交易单匹配给时间排序在前的限价单

价格（美元）	买方		
	数量（股）	ID	时间
~~9.9 美元~~	~~400~~	~~B1~~	~~10:15:32~~
9.9 美元	~~900~~ ~~844~~ 843	B2	10:15:56
9.8 美元	~~700~~ 657	B3	10:17:28

8.3.3 让出原则（Yielding）

顾名思义，这是指当各个限价单有利益冲突时，谁先让出交易优先权的原则。它是一个用历史经验教训总结出来的原则，特别是在有做市商或专家交易员的交易所，这一原则显得尤为重要——为什么？因为交易所担心做市商占客户的便宜。如同我们上面所阐明的交易定价过程，第一原则是第一个出现在新价格的交易单相对该价格上的其他限价单永远有绝对的优先权；然后是按比例分配原则；那么当客户交易单与做市商交易单出现额度分配的问题时，让出原则会让客户先行完成交易。

表 8-9 交易单列表初始状态，只列出卖方限价单

	卖方		
时间	ID	数量（股）	价格（美元）
14:55:34	S4	600	5.01
14:53:01	D1	1500	5
14:54:21	S3	1000	5
14:54:10	S2	1000	5
14:49:01	S1	600	5

如表 8-9 所示，在价格 5 美元上挂有 4 个限价单：S1、S2 和 S3 是来自客户的，而 D1 是来自做市商的限价单。虽然在时间上，D1 是在 S2 和

S3 之前，但是根据让出原则 D1 的优先还是排在了 S2、S3 之后。如果这时有一笔大小为 2000 股的市价买入单提交到交易所的话，因为价格和时间的优先原则，S1 先被完全填满；D1 让出优先权给 S2 和 S3，按比例分配只在 S2 和 S3 之间进行，各完成 700 股，如表 8-10 所示。

表 8-10 让出原则匹配后的结果

时间	卖方		
	ID	数量（股）	价格（美元）
14:55:34	S4	600	5.01
14:53:01	D1	1500	5
14:54:21	S3	~~1000~~ 300	5
14:54:10	S2	~~1000~~ 300	5
~~14:49:01~~	~~S1~~	~~600~~	~~5~~

此时又有一笔 2500 股的市价买入单进入市场，D1 可以参与到匹配当中。在价格 5 上的所有限价单被填满之后，部分价格在 5.01 美元的限价单也被完成了，如表 8-11 所示。

表 8-11 2500 股大小的市价单被匹配后的结果

时间	卖方		
	ID	数量（股）	价格（美元）
14:55:34	S4	~~600~~ 200	5.01
~~14:53:01~~	~~D1~~	~~1500~~	~~5~~
~~14:54:21~~	~~S3~~	~~1000 300~~	~~5~~
~~14:54:10~~	~~S2~~	~~1000 300~~	~~5~~
~~14:49:01~~	~~S1~~	~~600~~	~~5~~

让出原则是一个相对折中的办法：不仅很好地保护了客户的利益，还不妨碍做市商向市场提供流动性。

8.3.4 中间价原则和其他原则

一些电子交易所和其他非主流交易所可以根据主要交易所的价格区间来匹配限价单，这样既可以吸引更多的流动性也可以不偏离合理的市场价格。主交易所的中间价原则就很好地指导了市场价格，当最佳买入单和最佳卖出单中间的价格优于交易单的限价时才可成交。在表 8-12 所示的交易单列表中，B1 和 S1 已经可以直接完成交易了。但是如果以主交易所的中间价为 5.96 美元的话（即最佳买卖报价在 5.95~5.97 美元），B1 和 S1 无法成交，因为 B1 的限价是 5.95 美元；当主交易所的最佳买卖报价在 5.94~5.96 美元时，B1 和 S1 可以以中间价为 5.95 美元成交，S1 以优于限价的价格完成交易。

表 8-12 如果不满足中间价原则，交易无法完成

	卖方			买方			
时间	ID	数量（股）	价格（美元）	价格（美元）	数量（股）	ID	时间
11:10:04	S3	10000	5.96				
11:09:23	S2	20000	5.95				
10:59:01	S1	6000	5.94				
				5.95	4000	B1	10:55:32
				5.93	19000	B2	10:59:26
				5.93	6000	B3	10:59:28

对于一些特殊类型的交易单，为了保证公平性，整个定价过程必须根据特殊交易单的出现而有所改变。例如，当隐藏交易单（Hidden Orders）出现的时候，应该让出优先权给一般可见的交易单；否则，如果隐藏交易单和普通限价单享受同样的原则，你再也无法看到交易单列表里有交易单了。同样，作为隐藏交易单的一种，冰川交易单（Iceberg Orders）也需要

改变一下定价过程。冰川交易单如同浮在海面上的冰川一样，露在外面的一部分冰川为交易单的可见部分，当可见部分被交易完成之后，隐藏在水面以下的部分会以同样的大小显示到水面上来，与其他可见的交易单参与匹配过程。

交易员可以通过隐藏交易单将交易单的大小隐藏起来，也可以通过其他方式将交易单的限价隐藏起来。这类交易单通常有两个限价，一个是表面上的限价，而另一个限价则是交易员真正想完成的价格。这类交易单的定价过程需要匹配规则，同时检查两个限价。还有更复杂一点的定价过程就是有联动交易的交易单，当一个条件被触发或者一个交易单被激活时，其他与其相关联的交易单也同时参与到相同或不同的交易市场中。最通常的例子就是，股票市场中的交易单被激活，其相关联的期货市场交易单也被提交或激活。

8.4 定时召集的交易定价过程

笔者在前面的交易规则中已经详细介绍了定时召集条件下交易单的优先排序和定价过程，这里只作简单的补充。

定时召集（Call-based）的定价过程一般有两个阶段。第一个阶段是在自己的交易单列表中询价的过程。在这个过程中遵循以下几个原则：

- 最大化交易量；
- 剩余交易单最小；
- 与市场压力一致。

如果根据已提交的交易单和交易规则无法定价，那么定价过程将进入第二个阶段：寻找参考价格。一般会采用上一个交易的成交价。例如，开市价会采用前一个交易日的收市价作为参考价；收市价会以上一个交易日的成交价作为参考价格。有了参考价格之后，交易单列表中的交易单就会被执行，排序和匹配也会按照价格和时间规则进行。

世界上大多数交易所都会按照上述规则和定价阶段来完成定时召集交易。在定时召集开始之前，交易所还会公开交易单中买方和卖方的数量对比，以鼓励更多的交易员参与交易，纠正买卖方不平衡的情况，以最大化交易量。我们用一个简单的例子来解释上面的规则。表 8-13 是证券交易所早上 9:30 开市定时召集之前交易单列表的情况。

表 8-13　定时召集模式下，开市之前的交易单列表

| | 卖方 | | | 买方 | | | |
时间	ID	数量（股）	价格（美元）	价格（美元）	数量（股）	ID	时间
9:19:43	S6	1000	16.97				
9:20:01	S5	1300	16.96				
9:21:34	S4	600	15.95				
9:19:14	S3	1500	15.94				
9:19:13	S2	2000	15.94				
9:19:01	S1	1600	市场价				
				市场价	400	B1	9:15:32
				市场价	1000	B2	9:15:38
				15.99	2400	B3	9:15:56
				15.96	1200	B4	9:17:28
				15.95	1500	B5	9:21:18
				15.94	1700	B6	9:16:19
				15.93	900	B7	9:20:47

我们将所有交易指令以每个限价为一级的方式累计起来得到表 8-14，买方是从上到下逐级累计（限价越高越容易被执行），而卖方是从下到上逐级累计（限价越低越容易被执行）。

表 8-14　以限价积累交易单

逐级累加（股）	卖方数量（股）	价格（美元）	买方数量（股）	逐级累加（股）	可执行（股）	余额（股）
8000	1600	市场价	1400	1400	1400	-6600
8000	0	15.99	2400	3800	3800	-4200
8000	1000	15.97	0	3800	3800	-4200
7000	1300	15.96	1200	5000	5000	-2000
5700	600	15.95	1500	6500	5700	+800
5100	3500	15.94	1700	8200	5100	+3100
1600	1600	15.93	900	9100	1600	+7500

经过逐级累加后，在 15.95 美元这个价位上，交易所可以得到最多的交易量（可执行交易量 5700 股），因此交易员可以选择 15.95 美元作为这个定价过程的结果。最后交易单列表的结果如表 8-15 所示。

表 8-15　交易单列表交易最终结果

	卖方				买方		
时间	ID	数量（股）	价格（美元）	价格（美元）	数量（股）	ID	时间
9:19:43	S6	1000	16.97				
9:20:01	S5	1300	16.96				
~~9:21:34~~	~~S4~~	~~600~~	~~15.95~~				
~~9:19:14~~	~~S3~~	~~1500~~	~~15.94~~				
~~9:19:13~~	~~S2~~	~~2000~~	~~15.94~~				
~~9:19:01~~	~~S1~~	~~1600~~	~~市场价~~				
				~~市场价~~	~~400~~	~~B1~~	~~9:15:32~~

（续表）

时间	卖方 ID	数量（股）	价格（美元）	价格（美元）	买方 数量（股）	ID	时间
				市场价	~~1000~~	~~B2~~	~~9:15:38~~
				~~15.99~~	~~2400~~	~~B3~~	~~9:15:56~~
				~~15.96~~	~~1200~~	~~B4~~	~~9:17:28~~
				15.95	~~1500~~ 800	B5	9:21:18
				15.94	1700	B6	9:16:19
				15.93	900	B7	9:20:47

当定时召集结束时，交易价格停留在了 15.95 美元上，交易量为 5700 股。在交易单列表的卖方限价单中 16.96 美元以下的交易单都被完成，在买方限价单中 15.95 美元以上的限价单都被完成，B5 的交易单部分完成并留下了 800 股继续挂在交易单列表中。

8.5 下单决策中的重要环节

在交易员决定向交易所提交交易单之前，来自两方面的因素会影响他的决策：能否完成交易的风险和交易过程中所遇到的风险。如果急需完成交易，那么交易员就要忽略交易过程中出现的一些风险；反之，如果交易员想尽量减少交易中出现的各种风险，那可能就要放慢交易节奏，不能过于激进，但是有可能无法完成交易。因此，交易员往往要在上面两个因素中找到一个最佳的折中点来完成自己的目标。具体细化一下上面的因素，下单决策归根结底就是：去哪里交易？用什么交易（交易单类型）？限价多少？交易多少？

还有一个我们必须向读者介绍的风险就是信号风险（Signaling Risk）。在常见的股票交易所中，交易员都可以看到交易单列表中限价交易单的情况，只要交易员向交易所提交交易单，都会公开显示出来。其他交易员会看到更新的交易单提交情况，就有了更改交易策略而获得最佳交易的机会。当交易员提交完交易单，所面对的将交易意图展示给其他交易员的风险就是信号风险。只要你参与交易，就会出现信号风险，只不过是风险大小的问题，或者是你如何看待这个风险的问题。例如，如果你有一笔大额交易单，你的交易单信息提示了其他交易参与者，这里有一个较大额的买单或卖单，你的对手方也许会放慢交易节奏以寻求更好的交易价格。对手交易价格的改善就是自己交易成本的增加。因此，为了尽量规避这个风险，交易员或多或少都会隐藏交易的真实目的。大宗交易员或大额交易员会花费许多时间去寻找流动性，比如内部交叉交易或黑池交易，或者使用一些很特别的交易单，如隐藏交易单和冰川交易单。

因此解决信号风险的主要方法是解决流动性。流动性可能是由两方面因素引起的：一个是因为交易额很大，超出了日常交易量范围的许多倍；另一个因素是交易标的本身流动性就很差，很小的单也会引起流动性的问题。找到原因，对症下药之后，信号风险会减小很多。

8.5.1 去哪里交易

许多知名交易市场的流动性都比较分散，特别是美国的股票市场，分散程度相当高。同样一只证券在许多交易所都可以交易。例如，一只股票可以出现在纽约证券交易所或纳斯达克证券交易所，也可以出现在电子网络交易平台（ECNs）和另类交易系统（ATSs）。但是这些交易所的交易单列表的可视程度是不尽相同的,有的交易所的大部分交易单是可以从屏幕中显示出来的,或者交易员可以通过购买数据获得交易单列表信息——交易员通过购买不同的数据包可以看到不同深度的交易单列表,还有一些交易所你是根本看不到任何信息的。目前世界上的主要证券交易所都尽量向交易员提供更多便利,既要有隐藏交易单的选项也要保证一定的透明度,那种绝对透明或者一点交易单信息都看不到的交易所是无法吸引大规模流动性的。

另类交易系统中的一个主要流动性来源就是黑池,所有被提交到这个系统中的交易单都被隐藏起来,交易员所面对的信号风险也因此最低。即使是这样,一些有经验的交易员或者自营交易团队还是会捕捉到盈利机会。

有经验的交易员会通过博弈来操纵价格,以寻找盈利的交易机会。他们会使用即刻(IOC)交易单来发掘出隐藏的流动性,如果没有,交易单会取消,不会留在交易单列表中。这种做法通常对交易双方都有利,既保护了交易意图又可以试探出潜在的交易机会。但是有经验的交易员会把这种交易单作为操纵价格的一种工具:他们会利用很小额的即刻交易单一边试探流动性一边慢慢地拉高或压低价格,以便进行最后一击。而对于他们的交易对手来说,这是一种潜在的风险。对于交易商的自营团队而言,如果不严格遵守市场规则和监管要求的话,他们会利用客户的信号风险来做抢盘交易。这同样是大部分交易员,特别是那些只能通过经纪商或做市商来交易的市场参与者最不愿意看到的。

也有人把这种短期试探性的交易称为"有毒的流动性"(Toxic Order Flow)。因为它们并没有向市场提供真正的流动性,反而是通过虚假的试探交易单来吸取流动性，达到利用市场短时间的波动性获利的目的。

除了卖方交易员的自我约束和职业道德规范外，更多的预防上述现象的措施是来自于买方和卖方的互相信任；否则为一时利益，交易员很可能就毁掉了自己在交易圈中树立的信誉，这是任何交易盈利都无法弥补的。交易所的监管机构也会制定一些规定去保护另类交易所的健康。他们会设置程序专门监视恶意流动性，一旦发现，立即中止、取消相关交易单和交易员的资格，或者改变交易结构以提高高频交易的成本，设置大额交易的最小门槛。这些措施或多或少地会影响小额交易单的积极性，损害非机构投资者的利益。

资深的交易员们提供了一个清单用来检验另类交易系统的"安全性"。首先，谁是交易场所的参与者？我们在前面的章节中就介绍过，如果交易员的主要交易目的是寻找买家或卖家，那么这些寻找流动性匹配的参与者就是流动性的提供者或最终受益人。大部分买方交易员是流动性的主要提供者，还有自营交易团队，但是后者由于在多数时间内拥有有效交易员的身份进而需要很健全的监管去监督他们的交易，以保证大多数买方交易员的利益。因此，如果另类交易系统的参与者主要是买方机构和自营团队，那么这个交易所的"安全度"相对较高。

交易信息的披露也是一个重要的考量因素。当交易单被提交到交易所之后，交易员希望有一定的权限可以去控制交易单的披露程度。如果交易员不主动暴露交易意图他就无法找到潜在的交易对手；如果过多地或范围过大地泄露信息，就会招致不必要的风险。因此，如果另类交易系统能够提供一个交易信息披露的控制权给参与者，那么交易员的参与度会大大提高。

最后,根据监管机构的要求,无论交易在哪里发生,结束后都要提交交易报告。有经验的交易员会根据交易报告提交的地点来判断黑池的来源,从而跟踪流动性的出处。

8.5.2 用什么交易

为了降低信号风险,交易所提供了许多不同种类的隐藏交易单供交易员选择。泛欧交易所(Euronext)、多伦多证券交易所(Toronto Stock Exchange)、澳大利亚证券交易所(Australian Stock Exchange)、法兰克福证券交易所(Frankfurt Stock Exchange)和Inet都有隐藏交易单的选项。与此类似,纳斯达克证券交易所的做市商和纽约证券交易所的专家交易员,都有能力在他们的报价列表中提供市场上看不到的深度。

笔者曾详细地介绍了各种交易单的特性,再加上一些辅助的可选功能,交易员就可以很好地通过它们来隐藏交易意图,降低信号风险。影响交易员使用交易单类型的最大因素是交易单的大小。如果交易单较小,交易员通常不用太担心信号风险,因为正常的流动性就可以满足交易要求;但是如果交易量高于日常交易量很多,交易员一般都会选择用隐藏交易单来执行。换句话说,目前市场上相当一部分交易量来自于看不到的交易单。

世界上各主要证券交易所、电子网络交易平台(ECNs)和另类交易系统(ATSs)都提供了我们详述的交易单类型:市价交易单(Market Orders)、限价交易单(Limit Orders)、自主交易单(Discretionary Orders)、半隐藏交易单(如Iceberg Orders,简称IOC)和隐藏交易单(Hidden Orders)。我们把交易单的可视性和流动性等因素的关系用图8-1表现出来。

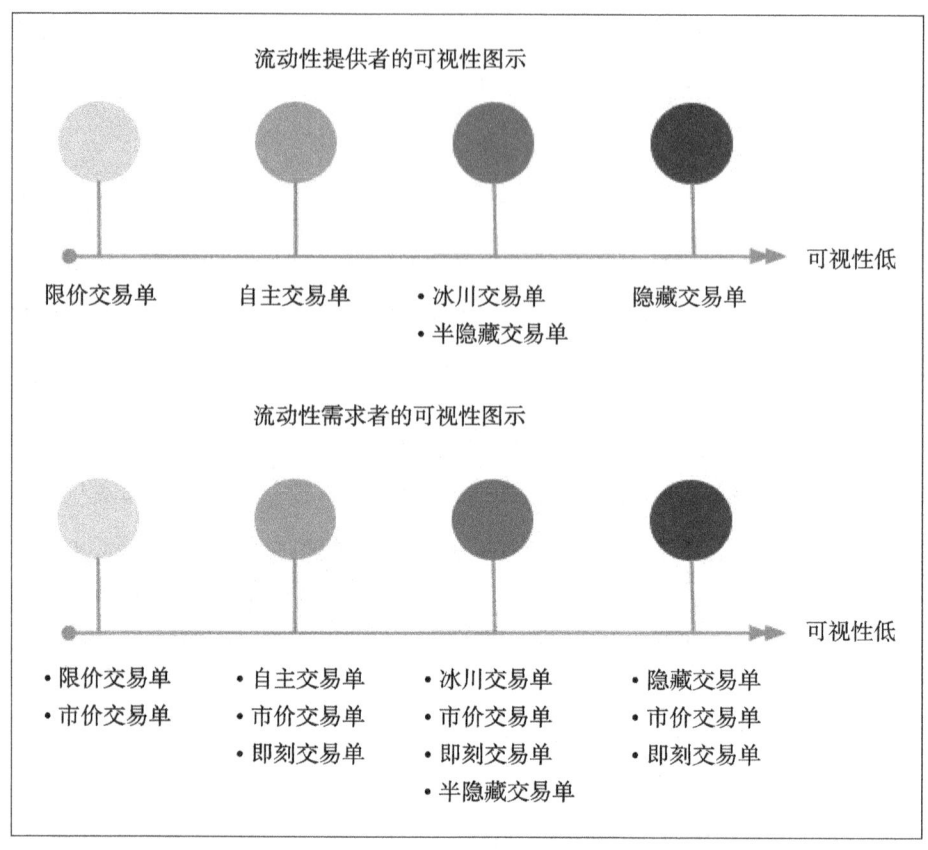

图 8-1 流动性提供者和需求者的可视性图示

我们根据交易员的角色来分别列出各种交易单的可视程度。随着颜色的变化和箭头的方向，每组交易单的颜色都逐渐变深，意味着可视度逐渐降低。就流动性提供者而言，现价交易单直接列入交易单列表，向公众开放信息；自主交易单隐去了交易单的价格信息，交易对手并不知道限定价格；半隐藏交易单隐藏了交易单的真实大小；而到隐藏交易单这一组，交易单大小则全部被隐藏。对流动性需求者而言，不同的是多了市价交易单，但是交易员可以通过其他附加功能掩盖交易单的部分或全部信息；而增加的即刻交易单（Fill-or-kill）能帮助可即刻交易的限价交易单（Marketable Limit Orders）取消掉可能泄露信息的未完成的那部分交易单。

8.5.3 交易单限价大小与交易额大小

交易的限价和交易额的大小其实反映了交易员的积极性。根据这两个元素的不同设置排列组合，我们将其积极性逐级列出，如图 8-2 所示。

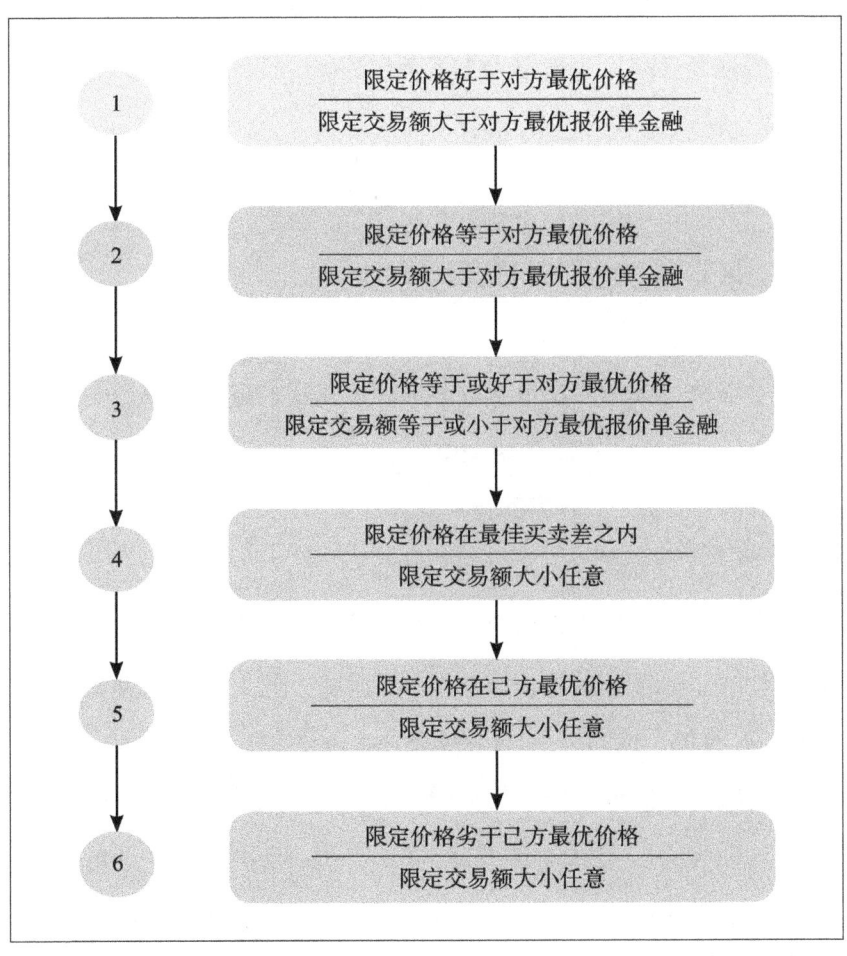

图 8-2 交易单随着价格与大小的不同，积极性逐级递减，1 为最激进

我将几位学者的研究归纳为交易单积极性的 6 个级别，由最激进的交易单依次递减：最激进的交易单的报价要低于对手方的最优报价，限定的交易量也要高于对手方最优报价单的大小，这其实就相当于市价交易单和可立即执行的限价交易单——这种报价和大小足以说明对流动性的需求；第二级别的交易单的报价处于对方的最优报价，只是价格上比第一级别的交易单报价略逊；虽然报价要高于或等于对手方的最优报价，但是交易单大小明显下降，这些小单在价格上还是相当积极的；从第四级到第六级，由于限价的逐级递减，交易单大小不会起到决定性的作用。只有当限定价格满足一定条件时，交易单的大小才有意义。

8.6　影响下单决策的市场因素

熟知了下单决策中的几个基本环节之后，我们还要了解影响这些环节的市场因素：流动性、市场价格和交易时点。

8.6.1　流动性

流动性向来是交易的关键因素，在下单决策中更是关系到我们上面提到的所有环节。交易量是流动性最直观的体现，较高的成交额会共同激发买单和卖单，而相比之下，经过数据统计，买单会更激进一些。

如我们在前面的章节介绍的那样，最佳买卖差是衡量流动性的重要指标之一，同时也是交易成本的具体体现之一。当最佳买卖差比较窄的时候，市价单的交易成本降低，这种情况会鼓励交易员多使用市价单，增加交易的积极性；而最佳买卖差增大时，交易员更加倾向于使用限价单，因而不会变得很激进。当最佳买卖差变窄时,还可能会增加隐藏交易单的可执行性,或者说人们会更多地使用隐藏交易单,因为交易员看到了获得更多流动性的可能性。更有意思的是,当最佳买卖差相当大的时候,交易员倾向于在最佳买卖差之中设定提交价格,而不是提交市价单或者远离报价的限价单。交易单的激进程度与最佳买卖差的宽度并不是线性关系。

交易单列表中的信息是流动性的一种最直观的体现,它集中了所有可见的流动性——其深度(Depth)反映了所有可用的流动性,其广度(Height)反映了价格波动的范围,买卖比差(Imbalance)反映了市场的供求关系和价格走势。如果交易单列表一边的限价单较多,为了完成交易,处在这一边的交易员会主动选择提交比较激进的交易单。如果是对手方的交易单列表深度较深,交易员则会倾向于保守一点儿。在交易匹配和定价过程中,价格和时间优先规则会促使交易员在较长的交易单列表中使用市价单或可立即执行的限价单。因此,很显著的买卖比差会影响交易员的下单决策。当买单很拥挤而卖单很少时,卖单交易员会预测到价格的走势,从而放慢交易节奏以等待价格变得越来越有利于自己。

事实证明,交易单列表中的买方和卖方的量差信息(Net Order Imbalance)一直就是交易员判断价格短期走势的依据。如果这个差值数据明显偏大,比如说,卖方的数量远远大于买方,会加速卖方交易员的激进势头,激进的卖单会加快价格跌势。而买方交易员会变得更有信心,等待价格进一步有利于自己。一个有意思的现象是:研究显示,即使在买方交易单列表很深时,卖方也会比较激进,因为他们始终处于流动性的需求者的位置,流动性对于卖方来说永远是多多益善。

交易单列表中的可视信息量也会影响下单决策。如果交易员只能看到最佳买入单和最佳卖出单,可能会更担心交易单列表的深度不够而倾向于保守地使用限价单。基于对交易数据的不同需求,交易所为交易员提供不同级别的数据服务。比如说,人们可以通过公共网站、新闻渠道、媒体工具等获得最新成交价格,但是它们是延迟的,一般滞后 15 分钟左右。如果需要实时数据,可以向交易所购买数据;如果不仅需要成交价格,而且还需要最佳买入单和最佳卖出单,以及更多的交易单列表信息,例如每个方向的最好的 5 级报价,那你需要付更多的钱来购买;越完整的实时信息越需要花大价钱向交易所购买。对交易所来说,出售数据包是一个非常好的买卖;对交易员来说,只要出钱就可以购买额外的实时数据,获得比交易对手更多的信息优势。这是双赢。

交易量的大小一般被认为是交易趋势形成的一个重要支持因素。在交易量的确认下,在一个价格向上的趋势中,买方交易员会更加激进,而卖方交易员为了避开 Picking-off 风险[1]而显得更为谨慎。无论是买方还是卖方交易员,都不希望一个趋势的出现使自己的限价交易单暴露在 Picking-off 风险之下——陈旧的信息和数据使自己落后于交易对手。但是高频交易的出现使市场上多多少少出现了一些噪声,交易量的信号作用明显比之前弱化了。

8.6.2 市场价格

毋庸置疑,限价交易单的可执行概率与市场价格息息相关:限价与市场价格越近,被完成的概率就越大。如果市场价格的波动性较大,就意味

---

[1] 相比于市价交易单,限价交易单需要一段时间来完成。如果交易员不能一直盯住限价交易单,它就有可能在市场出现波动时被完成。这种情况下造成的损失,就是交易员需要面对的 Picking-off 风险。

着市场价格波动的区间较大,即使限价稍微远离市场价格,被完成的概率也比波动率较小的情况下大。波动率大的股票本质上说明投资者对其价格和价格的趋势分歧很大,存在着信息不对称的情况,因此交易员面对的逆向选择(Adverse Selection)的风险偏大,下单的风格也趋于保守,限价不会很激进,从而增加了最佳买卖差的范围,增加了流动性需求者的风险。

如果限价交易单代表了卖出期权的性质,波动性的增加相当于增加了限价单的成本,这个成本可以用改变限价来补偿。例如,提交更远离最佳报价的交易单,或者根本就不使用市价交易单。

市场价格的不确定性增加了波动性,也增加了限价交易单的附加价值(限价交易单中期权的价值),进而增加了使用限价交易单的可能性。波动性同时也增加了使用隐藏交易单的概率,越是波动的市场,参与者越是不希望其他人发现自己的意图而占得优势,因此交易员喜欢用非常隐蔽的方式去抓住稍纵即逝的流动性。

举例来说,交易员在很多情况下使用隐藏交易单来减少信号风险——以限价单的形式将交易单挂在交易所,暴露了交易员的意图,交易对手可据此预估交易单给市场带来的影响和限价单的期权价值。交易单的大小在这个时候释放出了强烈的信号:交易单越大,信号越强。对于相同大小的交易单而言,如果在提交的时候交易单列表深度有限或者很浅,那么它的信号则更明显。在这种情况下,交易员都会希望隐藏一部分交易单。同时,隐藏交易单也降低了前面提到的Picking-off风险。当反向趋势形成时,交易员很可能掉入了成为流动性提供者的陷阱。交易单列表综合了所有人的交易意图包括有效交易员的意图,特别是当买单和卖单极不对称时,这很可能预示着有效交易员的意图和价格在未来一段时间的走势。而出现在较弱一侧的交易单很大概率会被快速吃掉。因此，当交易员出现在弱侧时，都会选择使用隐藏交易单。

价格趋势也会影响交易员的下单决策：如果价格背离交易员的限价或理想价位，为了完成交易，交易员只能更激进地下单进而把价格推离自己更远；如果价格趋势有利于交易员，那就再等等或者放慢交易节奏等待价格充分地落入自己的理想范围之内。当然也有交易员不继续"追高杀跌"，而是寄希望于价格稍后回归到均值位置。

学者们通过研究纽约证券交易所最为活跃的股票发现，当股价向上偏离移动平均值时，买单明显变得激进而卖单相对慢下来。交易员普遍认为买单完成的概率下降而卖单完成的概率增加。当下跌趋势形成时，同样的逻辑体现出了相反的结果。该研究发现价格趋势是影响下单策略的重要因素之一。当趋势形成时，市价单、即刻交易单和其他匹配最好报价的交易单的数量迅速增加。

在世界各大交易所采用十进制报价之前，许多交易所采用八进制或更大的报价基本单位，这无疑加大了最佳买卖差，也加大了抢占每个价格第一位置的成本——即使一些激进的交易员也不愿意随意跳到其他限价单的前面，因为这个成本太大。但是自从改成十进制之后，抢占价格优势的成本大大降低了，激进的交易员可以通过很小的代价排到其他限价单的最前面。

8.6.3 交易时段和交易频率

在介绍交易市场的微观结构时，读者们可能还记得一个有趣的现象：在交易日最开始的时段和闭市前的一段时间，市场的波动会比较大，所以交易所会在开市和闭市的时刻采取定时召集的方式来减小波动性对股价的干扰。不同的交易时段造成了流动性、波动性、最佳买卖差和交易单列表的深度大不相同。以 2002 年的西班牙股票市场为例，开市时的低流动性、较大的最佳买卖差、较高的波动性一般会持续一个小时以上。随着交易员的不断参与，流动性逐渐有所改善，最佳买卖差收紧，波动性降低，交易单列表也因为限价单的增多而有一定深度。这个时候市场进入了信息比较公开透明的时段，降低了投资者最初在开市时的许多不确定性。而到了交易时段的最后，尤其是最后的半小时，交易员在观察了一天的行情之后往往会抓住最后的交易机会，因此交易量又会有所增加，但由于流动性的增加，波动性和最佳买卖差继续保持低位。因此，遵循上述逻辑，交易单会随着一天内交易时间的不断推移而变得逐渐"主动"起来。

在不确定性较大的时候，交易员会更多地使用限价交易单来捕捉机会；而到交易日快结束的时候，交易员反而会用市价交易单来抢夺最后的流动性。当然这不是绝对的，也有一些对市场抱有反向看法的参与者会一直采用较保守的交易价格和交易方式，因为他们觉得价格最终会回归到合理区间的。当消息被市场吸收得比较充分，信息不对称的风险也不断降低时，交易员更关心交易执行的风险和信号风险，因此在作下单决策时会更多地采用隐藏交易单。

交易之间的时间间隔越小，卖出单的提交策略越要比买入单激进。交易频率提高，激发了卖出者的恐惧，他们往往会提交市价单，从而更加缩短了交易间隔，提高了交易频率，进而加速价格下跌，逼迫卖方交易员快速出手。市场陷入负循环和抛售恐慌之中，这就是为什么大家经常看到崩盘来得非常迅速和突然。

另一点值得读者注意的是，所有这些研究、结论、经验和所观察到的现象都是针对股票类证券的，因为历史数据、交易量和自身特性等原因，其他类证券还无法用大量事实数据去验证。

事件驱动也是时间点影响交易决策的重要体现之一。如果仔细观察交易量分布图，读者会很清晰地发现交易量会在某个或某几个事件发生地的周围比较集中。交易量的增加主要是由于交易单的增加，这些新增交易单包括修改、取消再重新提交和新出现的交易单。研究人员发现买单的序列相关性（Serial Correlation）比较明显，也就是说当一个买单出现时，多个买单会连续出现，特别是在一个突发事件发生之后。

8.6.4　隐藏的流动性

隐藏交易单随着市场的需求和监管的改进也经过一波三折。最初的隐藏性使这类交易单被广泛应用，但是却真正影响了那些向市场提供流动性的交易员的积极性。监管开始介入，并限制了隐藏交易单的使用。另类交易系统和黑池的出现又使隐藏交易单活跃起来，当然，这时交易所对这类交易单的监管更加完善也更加合理。时至今日，市场上相当一部分的流动性来自这些隐蔽性极强的交易单，如果能够预测出或计算出隐藏交易单的大致数量，对于交易员来说必然是一大优势。

流动性被隐藏起来，但不代表探测不到，交易员通过经验可以估算出隐藏流动性的存在概率。最简单的方法就是对比交易前后的交易单列表，如表8-16所示。

表 8-16 交易发生之前交易单列表的状况

卖方				买方			
时间	ID	数量（股）	价格（美元）	价格（美元）	数量（股）	ID	时间
9:19:43	S3	1000	16.97				
9:20:01	S2	1300	16.96				
9:21:34	S1	600	15.95				
				15.94	1500	B1	9:21:18
				15.94	1700	B2	9:16:19
				15.93	900	B3	9:20:47

在新的交易发生之前，最佳买卖报价是 15.94~15.95 美元。如果这时出现一个 1900 股的市价买入交易单，买方限价单没有变化，而卖方的交易单列表有所变化，如表 8-17 所示。

表 8-17 交易之后交易单列表的情况

卖方			
时间	ID	数量（股）	价格（美元）
9:19:43	S3	1000	16.97
9:21:59	S4	1300	16.96
~~9:20:01~~	~~S2~~	~~1300~~	~~16.96~~
~~9:21:34~~	~~S1~~	~~600~~	~~15.95~~

S4 在卖方清单中出现，有可能凑巧刚刚加入的限价单，也有可能是 S2 隐藏交易单的另一部分在 S2 被完成之后迅速浮现。在判断隐藏流动性的时候，读者需要慢慢习惯一个概念——概率。在寻找不可见的流动性时，永远不能完全确定，只能判断其存在的可能性。在上面那种情况下，根据不同的情景和条件，系统可以告诉交易员存在隐藏流动性的可能性为 25%、50%，也可能是 75%。但是如果被填满的数额超出了交易前的显示

数量，那么可以清楚地确定隐藏流动性的存在。如果买方的市价交易单的大小是 3200 股，而交易完成之后卖方交易清单如表 8-18 所示，那么交易员通过对比可以断定有至少 1300 股的隐藏流动性挂在卖方。

表 8-18 较大交易单（3200 股）完成之后的交易单列表情况

时间	卖方		
	ID	数量（股）	价格（美元）
9:19:43	S3	1000	16.97
9:20:01	S2	1300	16.96
9:21:34	S1	600	15.95

交易员会非常热衷于寻找隐蔽流动性，一是因为隐蔽流动性有助于交易价格的改进，二是因为一旦发现隐蔽流动性就意味着有更多的流动性隐藏着，还可以再挖掘。一些学者的研究也很好地证明了这一点。

一些自营交易团队的交易系统在显示交易单列表的情况时，也会显示隐藏流动性的概率，那么这些概率是如何计算出来的呢？判断隐藏流动性的概率是要根据影响市场情况的不同因素决定的。这些因素包括最佳买卖差、价格的波动性、价格的短期趋势和交易时段，当然还要考虑交易场所提供的交易工具。综合各个交易条件来分析隐藏流动性的可能性是最可靠的。

最早研究这个问题的是一家金融技术公司，它一直专注于市场微观结构的研究，隐藏流动性也不例外。它在 2006 年的一份研究报告中，用历史和实时数据复制了一系列场景来推测隐藏流动性的位置和大小。首先从交易的历史数据中倒推出出现隐藏交易单的各种市场条件，通过大规模的数据统计筛选出隐藏流动性存在的各种市场条件组合。然后再以独立的统计模型倒推出隐藏流动性在各种市场情况下的历史平均值和概率。

在作下单决定时，如果除了提示可视交易单的大小和规模外，再加入隐藏流动性的概率、预期的规模和隐藏交易单的具体位置的话，可以大大提高下单的准确性。当然这还需要一个时限，因为随着时间的推移，市场情况会快速发生变化，隐藏交易单中的各种参数需要重新计算。计算隐藏交易单概率的过程有点儿像侦查与反侦查的较量：算法交易尽量减少信号风险，降低被探查到额外流动性的概率；而交易提交策略则是千方百计地寻找各种流动性，以改进交易效果。

8.7　估算执行效果

利用估算隐藏流动性的思路和模型，我们同样也可以估算出交易单被执行的概率。市价单就不用说了，而限价单在保证价格的同时会丧失被执行的机会。估算执行效果的模型主要是应用于限价单。

就像我们前面提到的那样，有许多因素决定了交易单的执行效果，例如限价、限时、交易时段、交易场所、波动性等。如果我们融合所有元素——尽管它们对交易执行效果的影响有大有小——读者可以得到一张至少五维或者六维的立体图像。为了便于理解和解释执行概率模型，上面提到的那家金融公司在2003年就研发了一个三维模型，通过限价和限时来决定交易能被执行的概率。这个模型使用了数量经济学的概念，再用历史数据不断地提炼各个参数。只要历史数据充足，这个限价交易单的模型可以为每一只证券绘制出交易单被执行概率的三维图像。交易员可以通过限定价格和理想的交易所需时间来找出被执行的概率；或者可以在有估算执行结果和交易所需时限的前提下，找出最佳的限价，以改进交易效果。但是无论哪一种模型，各个影响交易执行效果的因素之间的关系都不是线性的。

仅从上述一点来说，估算交易执行效果的模型在下单过程中会对最后的决定起很大的帮助。所以，在人工智能技术、大数据应用和其他通信技术不断发展和催化下，估算模型会越来越精准，并且在权衡各个市场因素的模型中为交易执行效果找到一个最佳的平衡点。

本章总结

算法交易的未来开发将有两个方向：越来越广阔和越来越精细。相信它们可以迅速、畅通无阻地应用于各种证券及其衍生品。从短期发展来看，算法交易会更关注于大额交易，由现在的当日交易衍生出多日或者持续一段时间的连续交易。例如，针对投资组合的过度交易（Portfolio Transition）和大宗交易（Block Trading）策略等，这些算法会更好地配合各种风险的控制。

至少到目前为止，算法交易很难捕捉到市场结构变化所带来的机会，因此，交易员在相当一段时间内还会作为算法交易的监督和调控者，他们是必不可少的。美国的股票交易市场由以前的几家独大，到现在电子网络交易平台、黑池的引入，使流动性相对分散化；报价也由八进制改为十进制；更多市场结构的变化带来不同规则的细微差异。如果交易市场一直处于强监管的态势下,那么在未来的算法交易设计中,人的控制和监督角色只会越来越重要。

算法交易在另一方面具有广阔开发空间的领域就是增加应对未知事件的能力。那些可预知的未知事件或者是按照固定时间公布的经济数据会是算法交易最先改进的地方。例如,每个季度例行的公司盈利业绩公布、消费者信心指数、CPI 和 PPI 数据,利率变化公告等。算法可以通过不同的信息源获取这些数据来调整算法参数。

目前,算法交易面临的最难的或者最具风险的挑战之一就是对突发事件的处理能力,例如突发新闻事件、市场谣言、政府部门的一些临时举措及公告等。如果算法交易在获悉这些新闻或者还算不上新闻的消息之后可以作出适当的策略调整,交易员将会很清楚地界定出人为参与的时机,市场也将会变得极为高效。

最后我们引用两届美国国防部长唐纳德·拉姆斯菲尔德(Donald Rumsfeld)在他的博士论文中的一段话来作为本章的小结和下一章的开头。

> 最终,我们发现,任何完美的行动计划都很容易受到不确定性事件的干扰。如果在交易过程中发生了这类不确定性事件,并造成了价格的波动,那么原定的最佳交易策略也必须要转变。如果简单地将事件划分为确定性和不确定性的两类,那么可以推断,完美的静态交易计划将会一直被价格波动引起的最优策略转换所打断。

第九章

算法交易策略的实现与执行

整体战略虽然明确了,但是具体的战术执行直接会关系到最终效果。因此,交易策略支持的交易系统在向交易所提交交易单之后,一些具体交易技巧的实现是许多策略取胜的关键。化零为整的战术可以通过交易单的具体执行、交易单列表的实时监控和交易单提交技巧来保证交易策略能准确实现。

9.1 交易单执行技巧

交易单执行的技巧相对于整体策略来说更微观,更注重细节,主要体现在交易单的管理和提交上面。最早的算法交易其实就是在这两个方面代替了人工，以固定时间安排来执行的时间加权平均价格算法就是典型的例子。如果一笔大小为 10000 股的交易单需要在 4 小时内完成，我们可以按照固定时间间隔分成 10 份，每份大小为 1000 股；如果需要更小地影响市场，可以分成 20 个子交易单，每单只交易 500 股；如果不想固定子交易单的大小，算法也可以改进成随机或者根据历史数据的规律分割交易单；如果想更进一步改变固定时间间隔，也可以改善整体交易效果。所有这些最基本的安排和改进措施都是交易单执行技巧的具体体现：以限价交易单或市价交易单提交每个子交易单，并设定某个价格，这就是交易单提交技巧；将交易单分为多少份，大小各是多少，何时处理，这就是交易单管理。

市场条件分分秒秒都在变化，交易策略为了适应市场，就会不停地转换风格：在有利于交易完成的情形下，策略会采取较进取的方式来最大化地获得盈利；而当市场条件不利于交易完成时，策略则会采取稍微平和的方式，等待合适的机会出现。在目前高速变化的市场条件下和交易技巧快速发展的驱动之下，一个交易策略在微观层面具体实施的时候可以同时使用几个执行技巧或交易方案，并可在几种方案中随时切换。

简单来说，细化到执行层面的交易技巧无非涉及以下几个方面：如何分割交易量，以何种交易单类型提交，如何限定价格。交易的执行是要严格地配合交易策略的逻辑，因此我们也可以按照交易策略的分类将执行技巧细分。表 9-1 就是参考交易策略的分类而归纳的执行技巧。

表 9-1 按交易策略归纳的执行技巧

追求效果	微观因素	执行层面技巧
降低市场影响	最佳买卖差、交易单列表深度	交易量分割 隐蔽式、半隐蔽式

(续表)

追求效果	微观因素	执行层面技巧
价格／风险	最佳买卖差、 短期价格趋势、 买卖单失衡	分层技巧 紧盯技巧 触发技巧
流动性驱动	交易价格、 隐藏流动性估算	搜寻 狙击 分派

9.2 降低市场影响的执行技巧

以固定进程进行交易的算法，以时间加权平均价格算法和交易量加权平均价格算法为代表。交易执行技巧就是按照事先计划好的节奏，将交易单一点一点发送出去。这也是早期算法交易的核心所在。虽然是最早一代的算法交易，但时至今日它们仍是交易员最常用的算法之一，并且可以作为评价交易效果的参考标的。对于这类算法，最极致的一种做法就是将交易单分成最小可执行单位逐一提交。在这种情况下，交易单对市场的影响和信号风险都会降低。我们延用前面章节的例子，100万的ABC，如果日交易量是300万，交易员采取全天（7.5小时）的交易量加权平均价格算法，每5分钟下一单，每单可以成交1万~1.1万股的交易量。但是如果日交易量有很大波动，例如当天只有几十万股的话，交易可完成的概率就大大降低（每5分钟完成1万~1.1万股很难完成）。在这种情况下，虽然交易对市场的影响降低了，信号风险也减弱了，但是并不能保证交易的实现。这就相当于以交易不一定能完成的机会成本来降低交易对市场的影响。

第九章
算法交易策略的实现与执行

就像我们在介绍交易策略时分析的那样,随机的模式可以改进时间加权平均价格算法或交易量加权平均价格算法的信号风险——固定的规律会给许多有经验的交易员可乘之机。图 9-1 展示了按固定规律分割交易量与随机分割交易量的区别。很明显,随机分割交易量之后,交易员很难抓住规律。

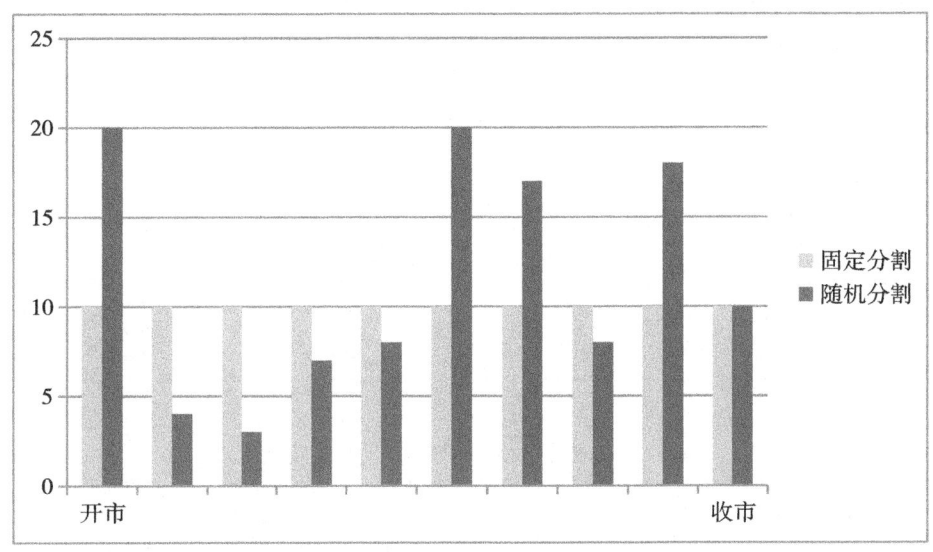

图 9-1　固定和随机分割后的交易量分布比较(总量为 100 股,分 10 次交易)

从另一角度理解,分割交易量的技巧很类似于隐藏和半隐藏式的交易执行技巧,区别就在于:分割交易单时,子交易单按照算法安排的顺序提交,一个子交易单在交易系统的交易单列表里时,其他交易单都还没有提交;而隐藏式和半隐藏式交易单(如冰川交易单)是部分显露在交易单列表中,部分隐藏在交易单列表里的。当交易匹配发生时,隐藏式或半隐藏式交易单有可能被完全交易;而分割技巧只能完成提交的部分。结合上述分析,交易员可以在没有提供隐藏模式的交易系统里用分割技巧来模拟冰川交易单。

我们用一个较简单的例子来解释分割交易单与隐藏交易技巧的主要区别。表 9-2 是交易发生之前，卖单一方在交易单列表中的分布情况。三只限价交易单以价格优先排序。如果这时市场有一个 2500 股的市价交易单买入，并且没有应用隐藏式交易技巧和分割交易技巧的话，交易的结果如同表 9-3 所示。S3 中的 200 股被最后完成，留下 2400 股继续显示在卖方一边。表 9-4 和表 9-5 是交易策略分别应用分割技巧和隐藏技巧之后的交易结果。

表 9-2　交易发生之前的交易单列表情况

时间	卖方		
	ID	数量（股）	价格（美元）
9:19:43	S3	2600	16.97
9:20:01	S2	1300	16.95
9:19:34	S1	1000	15.95

表 9-3　交易量为 2500 股的市价单匹配之后

时间	卖方		
	ID	数量（股）	价格（美元）
9:19:43	S3	~~2600~~ 2400	16.97
~~9:20:01~~	~~S2~~	~~1300~~	~~16.95~~
~~9:19:34~~	~~S1~~	~~1000~~	~~15.95~~

表 9-4　采用分割技巧交易后的交易单列表情况

时间	卖方		
	ID	数量（股）	价格（美元）
9:19:43	S3	~~2600~~ 2400	16.97
9:22:20	S5	1400	15.95
~~9:20:01~~	~~S2~~	~~1300~~	~~16.95~~
~~9:19:34~~	~~S1~~	~~1000~~	~~15.95~~

分割技巧的一个关键点就是只有当前面的子交易单被完成或被部分完成时，在发回交易确认后才开始提交下一个子交易单。例如，S1是一笔交易量较大的卖单分割的第一笔交易单，它在市价单出现后被迅速完成并发回确认函。交易策略随后将提交第二笔分割子交易单S5。读者注意到市价单的最后200股被S3完成，但是新的子交易单由于价格优先，在交易后的卖单列表中排在第一位，如果再有市价单或者可即刻完成的限价单在买方提交后，S5将是第一个被匹配的。而在表9-5中，交易单在采用隐藏技巧之后，我们看到S1的隐藏部分完成了市价单的最后200股而不是S3。交易完成后，S1的隐藏部分显示出来并排在S3之前。因此，隐藏交易单的执行技巧可以以更好的价格和更大的概率完成交易。如果交易所能够提供隐藏执行技巧，我相信看完上段分析的读者都会选择隐藏交易单。

表 9-5 使用隐藏技巧交易后，交易单列表情况

时间	卖方		
	ID	数量（股）	价格（美元）
9:19:43	S3	2600	16.97
9:19:34	S1	~~1000~~ 800	15.95
~~9:20:01~~	~~S2~~	~~1300~~	~~16.95~~
~~9:19:34~~	~~S1~~	~~1000~~	~~15.95~~

与隐藏技巧相比较，分割技巧的第二个子交易单会错过第一次匹配的机会，因为交易策略只有接收到交易确认后才会再提交下一个子交易单。在这个例子中，如果卖方的压力适中，那么分割技巧的劣势并不明显；但是如果市场价格压力较大，那么交易策略会承担较大的机会成本。分割技巧的优势也是显而易见的，交易策略可以及时根据市场的情况调整下一个子交易单的大小和限价。虽然简单，但是时至今日分割执行技巧的应用依

旧非常广泛，而其余大部分的执行技巧都是它的衍生品。

读者要明白隐藏式的交易技巧的主要目的是想方设法拖延暴露交易意图，最大降低信号风险。也就是说，最好的隐藏执行技巧是将其他交易对手探察到自己交易意图的时间尽量地延后，最好是在交易快要完成的时候才被对手发现。这种技巧的运用永远是相对的。例如，被交易的证券是一个极度不活跃的股票，即使只显示很小的一部分，也会引起其他交易参与者的猜测；如果隐藏交易单的可显示部分过小，那么整个交易单的完成就需要更多的时间；如果可显示部分过大，那么交易单的信号风险就被无意间放大了；如果可显示部分是有规则的、一般为整数的，这种情况也极有可能暴露隐藏交易单——人们出于心理习惯和方便，往往会选择一个便于计算的整数。隐藏执行技巧最大的对手就是我们前面分析的那些对比交易前后交易单列表状态的有经验的交易员。

学者在研究瑞典股票市场的时候发现对冲基金的交易员一直在很努力地去发现买方交易员的大额交易单。这些大单往往持续交易 4 个小时或更长，并且被分割成小单或者隐藏一部分交易额。对冲基金的交易员们最初只是向他们提供流动性，通过最佳买卖差来补偿自己。但是几个小时之后，当这些有经验的交易员发现市场上存在着大额交易单时，他们便转向一起与买方交易员买入或卖出。尤其是高频交易员，他们不只是抢盘交易（Front Running），他们甚至累积仓位，投机可能出现的有效信息。他们的研究也表明这些大额交易单确实来自那些有效交易员，拥有着很有效的不对称信息。

9.3 平衡价格和风险的执行技巧

当最佳买卖差很小的时候，市场给出的信号是索取流动性的成本很低，交易员可以用很小的代价吸收市场的流动性，快速完成交易。他们会大胆地使用市价单或可即刻完成的限价单；而当最佳买卖差很大时，流动性变得很贵，交易员会采取更保守的下单方式，限价会设定得更为小心。

对价格的敏感度决定了这类技巧的适用对象。当交易员想得到更好的交易价格时，这类执行技巧可以根据短期的价格趋势来决定提交交易单时的具体细节。例如，如果交易员在执行一只买入交易单并且市场价格在下行通道时，交易单的限定价格会远离于市场价格，这样可以最大限度地优化交易价格；而当市场价格在上行时，限定价格可能会偏激进一点儿，以避免过多的机会成本。如果交易员认为短期的价格趋势都是以均值回归为主的，那么执行技巧所采取的方式正好与上述形式相反：当价格有利于交易员时，交易执行技巧会尽可能多地完成交易；而价格偏离较大时，执行技巧反而放慢速度，等待价格回归。另外，在交易单列表中，买入和卖出交易单的总量不对称也是一种信号。如果卖出限价单总量明显多于买入的，那么买入交易员可以更耐心一点儿；相反，如果买入限价单总量最多，那么卖出交易员可以等待更好的交易机会。

9.3.1 分层技巧

分层技巧（Layering）是改善交易价格的最典型的技巧之一。交易策略在下单的时候如同往土地里撒种子一样，在一定的价格范围内，交易单列表中每一层都会有一只子交易单。如果市场价格有利于交易员，这个技巧会帮助交易员最大限度地改善最终交易价格。另外，对于世界上大部分采用价格和时间优先规则的交易所来说，分层技巧可以保证一定的时间优先。如果市场价格的移动使交易单列表出现了一个新的限价，分层技巧会把离此限价最近的一个限价单分成两个，其中一个限价单的价格会更新为最新出现的限价。这样最低程度地改动现有限价单，既保留了之前的优先权，又在新的限价上有子交易单出现，因此尽可能地保留并维持了改进交易价格的优势。

分层技巧对于流动性好的、交易单列表密度较大的股票来说尤其适用。流动性越好就越能显示出时间优先的重要性，否则交易员会错过交易到好价格的机会。

表 9-6 和表 9-7 展示了一个新的限价单在 15.94 美元出现时交易单列表前后变化的情况。表 9-6 显示了在卖方挂单中的三个价格上，分层技巧在每个现价上各挂一单，S1、S3 和 S5。相比于 S4 在 15.96 美元上挂 2800 股，当市场价格向上时，分层技巧可以保证更好的执行完成度和交易价格。

表 9-6　含有分层技巧的交易单列表

时间	卖方		
	ID	数量（股）	价格（美元）
9:19:43	S5	1000	16.97
9:18:21	S4	2800	15.96
9:20:01	S3	1000	16.96
9:19:59	S2	1200	15.95
9:19:34	S1	1000	15.95

表 9-7　新的限价单出现后的交易单列表情况

时间	卖方		
	ID	数量（股）	价格（美元）
9:19:43	S5	500	16.97
9:18:21	S4	2800	15.96
9:20:01	S3	1000	16.96
9:19:59	S2	1200	15.95
9:19:34	S1	1000	15.95
9:22:31	S7	500	15.94
9:22:09	S6	800	15.94

当然在市场价格波动不大的情况下，分层技巧可能会丧失一些成交的机会，换来的是保留了在每个限价上的时间优先性。如果这时出现了新的限价单 S6 挂在 15.94 美元上，那么我们有以下几种选择。

（1）如果交易员还有额外交易量可以挂单的话，那么分层技巧可以将新的交易单挂在 15.94 美元上，以保证时间上的优先。

（2）如果所有交易量已经全部挂在交易单列表中，交易执行技巧又有以下几种选择来保证时间优先：

① 直接将离限价最近的 S1 更新成限价 15.94 美元；

② 将 S1 的挂单大小分成两部分，其中一部分以 15.94 美元的价格挂出；

③ 可以减少 S3 的挂单大小，拆出的部分挂在 15.94 美元上；

④ 将 S5 分割，其中一部分挂在 15.94 美元上。

不管用哪种方式，分层技巧都是要争取在新限价上挂出交易单，以保证时间上的优先。（2）选项的前三种情况，都是依照与新的限价或者说最具竞争价格的距离而进行拆分。当市场价格比较稳定、没有很明显的趋势情况下，从交易完成的整体上看，前三种选择会丧失一定的交易机会和更好的交易价格。因此，我们建议采用第四种情况：选择离市场价格最远的挂单进行拆分，其中一部分挂在新的限价上。这种选择在保证时间优先的同时，尽量地降低了成本。表 9-7 就是在这种情况下被更新了状态。限价卖单 S7 就是从 S5 中拆分出来的。

对于相对不是很活跃的股票来说，分层交易执行技巧也可以改善交易效果。当最佳买卖差较大时，交易员可以使用分层技巧将最佳买卖差缩小少许，从而诱使交易对手挂出更优的交易单。

9.3.2 紧盯技巧

紧盯技巧（Pegging），顾名思义是紧紧盯住最好的价格和对手方最佳价格的交易单大小。例如，交易员买入时可以使用紧盯技巧将限价永远固定在最佳买入价。如果交易价格在有利的趋势下，这种较被动的执行技巧会很好地盯住最佳价格。但是，这种执行技巧会被有经验的交易员发现，从而有可能暴露在很大的信号风险之下。紧盯技巧虽然使价格有保证，但是降低了完成交易的概率——当价格不断地改进时，这个技巧要不断地改变价格以盯住最佳价格或交易量，每次改变时都要丧失时间优势。相比之下，分层技巧就会保留住原有的时间优势。另外，紧盯技巧无形之下助长了或增强了价格的趋势性。

了解到了紧盯技巧的优缺点之后，金融工程师们改进了很多细节。例如，在交易量方面加入了随机变化或者忽远忽近的限价机制，从而让人们很难找出规律，降低了信号风险；改进的紧盯技巧加入了短期预测市场价格趋势，以决定在短时间内是否使用紧盯技巧。

9.3.3 触发技巧

还有一种很类似于紧盯技巧的交易执行技术,即触发技巧(Triggering),它属于单向作用的、类似于拥有触发机制的交易单,当价格触发某个限价时,交易执行紧跟住对方的最好报价或最好报价交易单的大小,从而使整个策略非常主动地跟随趋势。如果是买单,一旦触发,交易技巧是为了避免过多的机会成本;如果是卖单,则主要是为了止损。这个交易执行技巧与限提交易单的主要区别是:限提交易单只有在市场价格达到限提价时,才开始执行交易;而触发交易技巧是一直在执行交易,只不过当价格达到触发限定价时,交易突然主动起来以避免损失。

9.4 流动性驱动为主的交易执行技巧

我们在前面介绍各种交易策略时,着重分析过以寻找流动性为主的交易策略。当细化到交易执行层面时,有一类技巧也是专门对应着以流动性为目标,通过寻找充足流动性来优化交易的执行技巧的。交易单列表中的限价单是挂在公开市场中的,任何人都可以看到,所以获得这种流动性不需要额外的技巧;倒是隐藏交易单所包含的交易量是这类技巧所搜寻的,但同时又要降低自身执行时所带来的信号风险。

9.4.1 搜寻流动性

如同前面所介绍的,交易员通过比较交易单列表的前后状态以及交易确认信息来确定隐藏流动性的出处。这个模型大致可以估算出隐藏流动性的可能性和大小。如果这种执行技巧使用市价单（Market Orders）或者可即刻执行的限价单（Marketable Limit Orders），那么它可以迅速地拿到最好价格而且没有显著的信号风险；但缺点是对市场产生的瞬时冲击会很大，后续交易或部分交易的结果不会很漂亮。如果既要控制住市场冲击又要最大限度地抢到流动性，那么即刻交易单是再适合不过的了——它也是一种可即刻执行的限价单，但它嵌入了"Fill or Kill"或者"Immediate or Cancel"的特点：要么都完成，要么就取消，或者未完成的部分被取消。交易之后的交易单列表不会有任何未完成交易单的存在，也就不会给交易对手任何机会了。

表 9-8 和表 9-9 分别是交易前后的交易单列表状态。在一笔大小为 2000 股的买入市价交易单被提交之前，交易单列表的状态如表 9-8 所示。这个状态是交易员采取隐藏流动性估算模型之后显示在交易界面的，斜体的限价单 S2 就是估算出来的隐藏流动性。当大小为 2000 股的市场价买入单进入市场时，它先吃下 S1 然后吃下 S2 的一部分。交易完成之后，S2 会在交易单列表中重新显示一部分交易单，剩下的还是以隐藏交易单的形式挂在市场里。

表 9-8　交易之前，有隐藏交易单的交易单列表

时间	卖方		
	ID	数量（股）	价格（美元）
13:18:21	S4	2800	50.92
13:16:01	S3	1000	50.91
13:16:59	S2	3200	50.90
13:17:04	S1	1000	50.90

表 9-9 买入市价单完成后的交易单列表情况

时间	卖方		
	ID	数量（股）	价格（美元）
13:18:21	S4	2800	50.92
13:16:01	S3	1000	50.91
13:16:59	S2	1200	50.90
13:19:21	S5	1000	50.90
~~13:16:59~~	~~S2~~	~~1000~~	~~50.90~~
~~13:17:04~~	~~S1~~	~~1000~~	~~50.90~~

在这个交易执行技巧中，交易员使用的是即刻交易单中的 Immediate or Cancel，如果使用 Fill or Kill，在这个例子中，交易后的交易单列表状态与使用 Immediate or Cancel 的一样，因为隐藏交易单的大小比 Fill or Kill 要大。但是如果市价买入交易单的大小为 5000 股而且又采取 Fill or Kill 的模式的话，交易将不被完成，交易单列表的状态没有变化。由此可见，即刻交易单中的 Immediate or Cancel 类型既可以抓住隐藏流动性，提高交易质量，又可以将信号风险降到最低，而且捕捉到的流动性也可以给估算模型反馈，以不断改进预测的准确性。

9.4.2 狙击流动性

主动出击在市场中搜寻流动性（Seeking）是一种技巧，躲在暗处守株待兔也是一种常用的交易执行技巧——狙击（Snipping）。顾名思义，"狙击"就像一种狩猎技巧，当猎物出现时，迅速出击但又不留痕迹。就像我们上面分析的那样，具有 Fill or Kill 和 Immediate or Cancel 特点的可即刻执行限价单应该是最好的选择：可以迅速完成交易、价格可以控制并且在交易单列表中不留痕迹、没有信号风险。

表 9-10 和表 9-11 解释了狙击技巧的效果。如果一个新的限价单 S1 出现在交易单列表中，执行技巧会迅速吃掉 S1 的一部分 900 股而留下 100 股在交易单列表中。这样执行后带来两个比较好的效果：第一，当交易员发出可即刻交易的限价单时注意到了 S1 的大小，自己提交的交易单大小不会超过 S1 的大小。这对于采用 Fill or Kill 还是 Immediate or Cancel 并无很大的区别。第二，因为没有全部吃掉 S1 而是留下一部分在交易单列表中，最佳买卖差并没有变化，只是买卖单的不平衡性稍微地趋向了买方。这将交易对市场的影响降到了最低，把信号风险也降到了最低。

表 9-10 交易发生之前，交易单列表情况

	卖方		
时间	ID	数量（股）	价格（美元）
13:18:21	S3	2800	50.92
13:16:01	S2	1000	50.91
13:19:04	S1	1000	50.90

表 9-11 使用狙击技巧后，交易单列表情况

	卖方		
时间	ID	数量（股）	价格（美元）
13:18:21	S3	2800	50.92
13:16:01	S2	1000	50.91
13:19:04	S1	100	50.90
~~13:19:04~~	~~S1~~	~~900~~	~~50.90~~

9.4.3 分派交易单

美国的交易市场，特别是股票交易市场的一个最主要的特点就是流动性较分散：除了全国范围的纽约证券交易所和纳斯达克证券交易所，还有地方性的费城交易所和辛辛那提交易所，应对大规模交易或非常规交易的另类交易平台（ATS），基于互联网通信技术的电子网络交易平台（ECNs）等。这些平台为交易员提供更多流动性选择的同时，也给交易员选择使用哪个交易平台制造了挑战。对于一只证券而言，当交易员要面对几个或十来个不同的来自不同交易所交易单列表的时候，他们自然而然地要将所有的交易单列表汇总，做成一个虚拟的交易单列表。这个虚拟的交易单列表包含了针对被交易证券的所有可见的流动性、对不可见流动性的估算、交易可成功执行的概率、各个交易所的延迟和收取的费用等。基于这个虚拟交易单列表的决策应该是市场上最有效的交易决策，因为它收集了最全最有效的市场数据，这就是我们经常讨论的交易单分派（Routing）执行技巧。

通过一个简单的例子我们可以很好地解释分派技巧。我们用 EX 来代表交易单来自主要交易所，E 代表交易单来自电子网络交易平台，A 代表交易单来自另类交易系统。斜体字代表的是隐藏交易单。

表 9-12 至表 9-17 分别代表了来自不同交易场所的卖方交易单的挂单情况。而最后表 9-18 代表了综合所有信息的虚拟交易单列表。

表 9-12　EX1 交易单列表

时间	卖方		
	ID	数量（股）	价格（美元）
13:18:21	EX1-3	2800	50.92

（续表）

时间	卖方		
	ID	数量（股）	价格（美元）
13:16:01	EX1-2	1000	50.91
13:19:04	EX1-1	1000	50.90

表 9-13　EX2 交易单列表

时间	卖方		
	ID	数量（股）	价格（美元）
13:19:21	EX2-4	700	50.92
13:19:01	EX2-3	500	50.91
13:18:07	EX2-2	900	50.91
13:17:12	EX2-1	500	50.90

表 9-14　E1 交易单列表

时间	卖方		
	ID	数量（股）	价格（美元）
13:17:12	E1-3	800	50.91
13:17:19	E1-2	1200	50.90
13:18:23	E1-1	800	50.90

表 9-15　E2 交易单列表

时间	卖方		
	ID	数量（股）	价格（美元）
13:17:20	E2-2	1800	50.92
13:17:21	E2-1	1200	50.90

表 9-16　A1 交易单列表

时间	卖方		
	ID	数量（股）	价格（美元）
13:15:01	A1-2	2000	50.95
13:18:04	A1-1	2000	50.85

表 9-17　A2 交易单列表

时间	卖方		
	ID	数量（股）	价格（美元）
13:17:21	A2-1	1500	50.91

表 9-18　虚拟交易单列表

时间	卖方			
	ID	数量（股）	价格（美元）	可执行概率
13:15:01	A1-2	2000	50.95	12%
13:19:21	EX2-4	700	50.92	80%
13:18:21	EX1-3	2800	50.92	85%
13:17:20	E2-2	1800	50.92	85%
13:19:01	EX2-3	500	50.91	15%
13:18:07	EX2-2	900	50.91	90%
13:17:21	A2-1	1500	50.91	70%
13:17:12	E1-3	800	50.91	85%
13:16:01	EX1-2	1000	50.91	90%
13:17:19	E1-2	1200	50.90	18%
13:19:04	EX1-1	1000	50.90	95%
13:18:23	E1-1	800	50.90	90%
13:17:21	E2-1	1200	50.90	90%
13:17:12	EX2-1	500	50.90	95%
13:18:04	A1-1	2000	50.85	10%

如果交易员提交了一笔 10000 股的市价买入单,那么分派策略可以给出不同的执行方案。

第一,若只考虑各交易所可见的流动性,市价买入单的分配策略如表 9-19 所示。

表 9-19　只考虑可见流动性情况下,交易单分派策略

交易单分派方案		
交易所代码	数量(股)	价格(美元)
EX2	1400	50.91
E2	3000	50.92
E1	1600	50.91
EX1	2500	50.92
A2	1500	50.91

(2)若同时考虑隐藏流动性和可执行概率,市价买入单的分配策略如表 9-20 所示。

表 9-20　综合考虑所有可能流动性的交易单分配策略

交易单分派方案		
交易所代码	数量(股)	价格(美元)
A1	2000	50.85
EX2	500	50.90
E2	1200	50.9
E1	2800	50.91
EX1	2000	50.91
A2	1500	50.91

分派技巧的优势在上述两个方案中很好示范了选择的多样化,交易员可以根据自己的模型和交易习惯去制定交易策略。

本章总结

当今大多数的交易执行技巧注重于机会成本。对于买方交易员而言,机会成本造成的损失可能比信号风险带来的损失要大很多,性质也不一样。相对于短期的交易成本,有效交易员更在乎长期的盈利空间。交易执行技巧中经常设有一个计时器。在交易最初并且流动性充足的时候,这个计时器的作用并不是很明显。但是,如果超过了一段时间,交易还是没有进展或者没有完成既定的部分,这个计时器就会提醒交易策略要激进一点儿;如果交易标的是一种流动性不太好的证券,那么计时器会一直提醒交易员要主动寻找流动性。

读者从前面的许多交易实例中可以看到,同一个交易员可以在一笔交易中采用很多交易策略。在不同的场景下,他/她可以是不同类型的交易员。而在这些交易策略中,可以同时使用多个交易技巧以满足不同策略的需要;而同一交易策略也可以使用多个交易技巧,以控制节奏或市场影响,它们之间并不是一一映射的关系。

第十章

算法交易策略的选择

交易的各种工具在前面的章节中已经大致地介绍了，下一个环节将讨论如何最优化地使用这些工具。对于比较纠结的交易员来说，如何用好交易策略便成了很关键的问题。这一章我们将交易策略的选择问题全面地解释清楚，让读者了解在不同的情况下使用不同的交易策略的细微差别。

无论交易策略怎样演变，一个恒定不变的规律就是人们不停地寻找新的策略来发掘 Alpha。但是当一种或一类算法交易被许多交易员所熟知并使用的时候，交易对市场的瞬时冲击将使买入和卖出的成本大大增加，交易盈利也会被蚕食得所剩无几。算法交易绝对是一个需要不断演变的创新领域，为了适应各种各样的市场情况和各种各样的交易需求，金融工程师们设计了上百种的算法。对于同一范畴的算法交易来说，也许一种算法与另外一种的差别就是某个参数的细微调整，但是往往就是这种微调会使前者在某种特定市场环境下胜过后者。

10.1 选择算法交易策略的原则

从使用者的角度出发，交易员选择交易策略的原则就是策略的执行结果满足所预期的交易效果或者与预期效果的差距很小。根据交易目的和市场因素，笔者在前面章节中将交易策略划分为以固定进度为基准、以固定目标为基准、以动态目标为基准和以流动性为目标等四大类策略。这些交易策略所对应的具体算法分别应对了不同的交易目的和市场环境，某一类策略的交易效果在特定的条件下会强于其他策略，它们都各有所长。这些特定条件综合所有市场和客观因素，包括交易单大小、日平均交易量、强制参与度（Participation Rate）、交易时间、交易单限价、市场情绪和交易习惯。

大量的研究数据指出，在相同的市场条件和相同的交易需求下，即使是同一算法中的参数有些微调，效果也不尽相同；即使属于同一类交易算法，不同的算法运行的交易效果也可以大相径庭。以固定进程为主的交易策略对强制参与度和交易单大小非常敏感，过大的交易单和过高的前置参与度会使交易的信号风险大大增加，交易效果会大打折扣；而那些预先设定好交易目标的算法，例如交易量百分比（POV）和执行价差（IS），对较小交易单的执行效果会非常突出；在大交易单和强制参与度很高的情况下，交易员更应该选择以搜寻流动性为主的算法交易，比如说一些可以充分利用黑池（Dark Pool）流动性的算法。交易当中的各种成本也可以通过设置有效的限价和降低信号风险来减少。

10.2　根据交易效果选择交易策略

把交易的最终效果作为选择策略的标准最直观也最容易被读者理解。两个主要的决策因素分别是：交易择时和交易成本。

时间成本是交易员永远都要考虑的因素。毕竟完成交易是第一位的，对于单边市场来说，当市场疯狂上涨时，没有完成交易而造成的机会成本会让你的投资组合业绩很难看；更糟糕的是，当市场在恐慌中抛售时，交易员所面对的就不是机会成本造成的赚多赚少的问题了，而是如何减少损失。特别是有着涨停和跌停限制的交易所，错过时间窗口往往就意味着你的组合业绩很可能在相当一段时间内落后于市场平均水平。这并不是危言耸听，我想许多投资者都有过这样的经历，看好的股票没有及时买入，而自己的涨停被关在了门外，这之后也许是一连几个交易日的不断涨停。等买入的窗口再次出现时，股价也许已经远大于最初研究做出的合理估值，白白错过了一次投资机会。同样，在跌停的时候，由于没有及时卖出，很可能等到交易员可以出手时，票面价值已经惨不忍睹了。

考虑时间成本的最根本前提是你是什么样的交易员或者说你在进行着什么样的投资，投资目的是什么？笔者在《金融交易与市场》一书中系统地介绍过各类交易员的区别，也是因为投资目的的不同而将他们分类。例如，对于对冲交易员来说，用交易工具来对冲现有的投资组合或者资产是其主要目标。因此交易在相对合理的一段时间内完成即可。投机交易员对市场出现的机会非常敏感,这些机会往往转瞬即逝,因此他们的时间成本相当高,快速地完成交易肯定是首选。以大宗交易为主的买方交易员需要对市场的影响降到最低,以便尽可能多、尽可能好地完成交易,如果这个时候太过激进地交易,信号风险会大大地增加,给大宗交易的顺利完成造成很大的难度。

时间成本还包含对交易时间点(Timing)的选择。对于中短期投资者来说,交易时段和时间点的选择往往会严重影响最终的收益,这就是人们所说的买低卖高的波段操作。为了把握住这个短期节奏,交易员会借助技术分析预判市场短期的走势——技术交易员就是依靠技术图形和K线来寻找买低卖高的机会的。时间点的选择对一些有效交易员也比较重要,例如以消息或事件驱动为主的交易策略,交易的开始和结束时间点都很重要;相比之下,如果交易员的投资组合收益目标较为长期,那么短时间内交易价格波动对长期收益来说前者的影响就会大大降低。

流动性也是影响时间成本的因素之一。一只股票的当日成交量是必须考量的因素之一。如果你的交易单占股票平均日交易量的30%以上,那么势必会影响交易价格——往往是不利于你所期望的价格;如果占50%以上,交易员很难做到不影响市场;如果占日平均交易量80%以上,基本上你自己的价格就是交易量加权平均价格算法的价格基准,交易对手会轻而易举地看到你的意图,交易效果无从比较,最终的交易均价也就无法评判了。因此,结合这些统计数据和交易经验,交易员在交易之前一定要预估一下日交易量的水平,才能合理地判断出时间成本。

交易员除了关心能不能及时完成交易,还要看最终的交易价格——交易数量决定你能否完成交易,交易价格会告诉你完成的效果如何。笔者在讲解流动性的章节中介绍了流动性对交易价格的影响，理想的交易价格需要一个有健康流动性支撑的市场。有了流动性，人们才会交易股票；人们参与买卖股票才会有体现股票真正市场价值的机会。交易员预期的交易价格能否实现是影响其算法交易策略选择的一个关键因素——交易员会选择在同样成本下给出最优价格的算法或者同样价格下给出最优交易成本的算法。金融学术期刊为此提供了许多关于算法交易的理论、见解和对交易成本的分析。

除了时间和交易成本这两个最直观的影响交易策略的因素之外，还有一些其他的客观因素。对市场趋势的短期预期也可以帮助交易策略完成执行策略的选择或转换：如果市场条件有利于自己，执行策略完全可以放慢节奏；而当市场价格在朝着不利于自己的方向发展时，交易策略会促使执行层面主动一些。当然如果交易员是均值回归的拥护者，上面的情况刚好相反。无论你是否持均值回归的观念，对市场趋势的预判都肯定会影响交易策略的选择，进而影响最终的交易效果。

市场结构的微观因素也会影响到交易策略的选择，最佳买卖差就是其中之一。最佳买卖差直接反映了市场的波动性，而且反映出了做市商对市场的看法——如果最佳买卖差过大，说明做市商认为市场存在着信息不对称的危险，即逆向选择（Adverse Select）的风险。当市场出现大的波动时，往往是投资者不知道发生了什么，感觉到恐慌，这时的最佳买卖差会成倍地增长，流动性本身就不好的资产的最佳买卖差更是高得离谱。最佳买卖差在地区分布上也有差异：最高的是在亚洲、其次是在欧洲，价差最小的是美国市场。因此不同市场、不同国家乃至不同地区的一些市场微观指标都不尽相同，在一个市场非常有效的策略，换到另外一个市场一定要经过调整测试，否则效果不仅是大打折扣也许会是适得其反。

一般来说，如果说交易员认为某单交易比较难做，那么往往是指交易单的大小已经超过了日平均交易量的一定比例，例如，当股票交易单的大小不超过日平均交易量的 5% 时，执行起来难度不是很大；而超过 30% 的时候，则基本上无法一日完成。对于外汇交易和债券交易来说，交易量一般都很大。在流动性充足的情况下，执行效果需要考虑其他特定因素，而算法的甄选也相对简单。

交易单的传输延迟是执行技巧要考虑的主要因素之一。特别是像紧盯技巧和狙击技巧，延迟过长会影响交易策略获得优先资格，进而降低交易执行成功的概率。这个延迟是指当交易员从自己的交易系统开始提交到交易单真正出现在交易所的时间延迟。影响这个延迟的因素包括交易单提交系统、交易所的接单系统、排序匹配系统和两地之间的物理传输延迟等。在电子交易系统和电子网络交易平台出现之前，这个延迟可以用分钟来衡量。随着计算机和互联网的出现，延迟缩短到了以秒计算，并迅速地降低到微秒级别或更低。

尽管电子交易系统已经将交易单的提交、接受、处理和显示的延迟降到最低，但是两地之间的物理延迟是无法克服的。为了解决这个问题，交易所有偿地将自己的机房租借给交易参与者用来存放交易系统服务器，这就相当于肩并肩地把交易系统放在交易所主机服务器的旁边，物理传输延迟自然降到了最低。如果延迟始终无法降低，那么将紧盯技巧换成分层技巧可能会在一定程度上缓解这一问题。

10.3 交易策略的选择方法

10.3.1 有效曲线

时间成本和交易成本是决定交易策略的两个最重要的因素，而这两个指标之间又有着互相制衡的关系：快速完成交易，降低了机会成本但是很难保证价格的优势；而为了保证价格优势，交易就很难在短时间内快速完成。

为了阐述二者之间的关系对交易策略选择的影响，我们有以下几个试想：第一，我们试想分别以时间成本和交易成本为横竖轴坐标构建一个平面，平面中的任一点都对应着一个策略，每个策略都映射着一个固定的时间成本和交易成本；第二，我们试想有这样一条曲线，在这个曲线上的任一点我们认为该交易策略在当前的时间成本和交易成本最为有效，换句话说，这条曲线之外的交易策略都不是最有效的，或者是无法做到的。

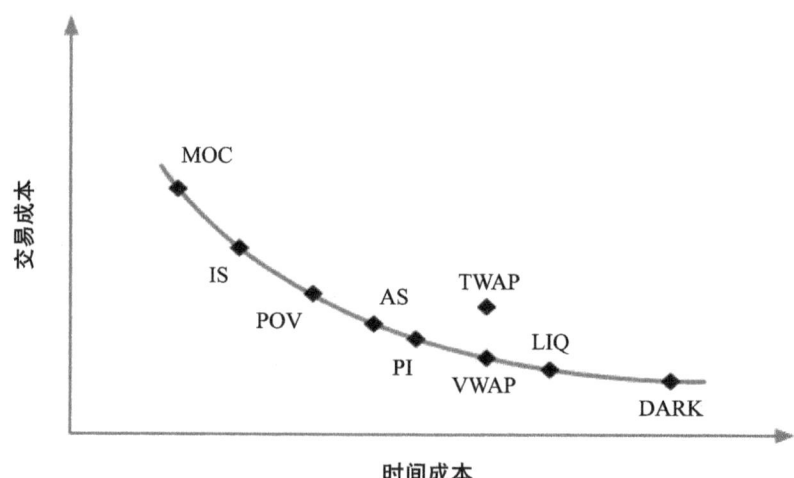

图 10-1　用于选择交易策略的有效曲线

第十章
算法交易策略的选择

图 10-1 的曲线左下方是我们今天的交易员和金融工程师无法做到的区域，即在同样的时间成本内，策略无法将交易成本降到更低；曲线上的每一点都是我们目前条件下最优化的组合策略，交易时长和交易成本达到最佳平衡；而曲线的右上方则是没有达到最佳效果的交易策略，要么时间成本过高，要么交易成本过高。有效曲线中，越向左边靠近的交易策略越在意时间成本，这是需要以牺牲交易成本为代价的；而随着曲线越往右端推移，交易成本逐渐降低，但是交易时长会因为优化交易价格而逐渐增加。

在这里，我们将一些经典的、有代表性的算法罗列出来，列在有效曲线中并一一解释。曲线的最左边是闭市撮合交易（Market on Close，简称 MOC）。根据交易单的大小和限价，交易策略会参加闭市的定时召集，最终交易价格为收市价格。如果交易单偏大，价格要求也比较严格，那么策略有可能在闭市之前先运作起来，以防止交易量不足或价格无法完成。在欧洲的著名交易所中，MOC 使用得非常广泛，一些交易所还提供包含 MOC 策略的交易单类型，以方便投资者使用。开放式公募基金经常使用这种交易策略，因为基金当天的净值就以收市价格为准计算。闭市集合竞价的主要交易时长就是集合竞价的过程，非常短；但是交易后的价格和具体数量无法控制。

有效曲线的另一端则是基于最大化利用黑池流动性的策略。黑池中的流动性与一般交易所中的流动性的主要区别就是前者不稳定、不可持续；而一旦出现流动性，它的体量又可能会很大，令人措手不及。因此，这种不确定性使那些希望在黑池中完成的交易无法准确预估时长，时间上无法保证。但是它最大的优势是由于黑池的相对封闭和隐秘，交易员的交易意图不会被泄露，交易成本会大大降低。以流动性为驱动的交易策略在某些方面和黑池策略很相似,但是因为所应用的交易场所更为广泛,交易被完成的概率大大提高,时长也被缩短。交易成本由于信号风险的原因会显著提高。因此流动性策略也出现在有效曲线的右端,但是靠近黑池流动性的左侧。

执行价差交易策略(Implementation Shortfall,简称 IS)对于较小的交易单来说效果非常好,执行的时间短但又不会使价格大幅波动。使用该策略的交易员一般都是以完成交易为主,尽量缩短交易时长,降低信号风险,因而对于交易量适中的交易单来说是一个非常合适的选择。以交易量百分比为固定目标的算法(Percent of Volume,简称 POV)是为了在流动性有一定保证的情况下保证交易价格,因此在降低交易成本的同时,交易时长就要相应地增加。因此,POV 与 IS 同在算法有效曲线上,但是 POV 的交易时间更长一些,交易成本会低一些。

相对于 POV 而言,更智能一点儿的交易策略应该是可自我适应策略(Adaptive Strategies,简称 AS)。这一类算法在我们之前分析过的几类基本算法之上加入了自我适应市场环境和调整参数的能力。市场中各类因素很多很杂,自我适应的交易策略对每个因素的变化都会或多或少地作出应对调整。例如,当前交易量突然增多时,自我适应交易策略会变得更主动,尽量多吃掉新出现的流动性;当价格的波动性显著降低时,策略会逐步放慢交易节奏;而在预判价格趋势时,短期内如果价格有利于或不利于交易员的话,自我适应交易策略会根据算法及时调整交易节奏。因此,AS 处于有效曲线的中间区域,它比其他策略都更能够反映出交易成本和交易时长之间的平衡。相比 AS 而言,标的价格关联策略(Price Inline,简称 PI)只集中关注价格的短期走势。PI 更偏重于价格的改进,这必然会增加时间成本。因此,有效曲线中 PI 在 AS 的右侧。

交易量加权平均价格算法(VWAP)对于交易量较大的交易单来说比较适用,并且它们也是市场上常用的交易结果的衡量基准。在保证价格的同时,还要保证一定的参与度(Participation Rate),交易时间就被拉得很长,交易策略相对被动一些。另外,由于交易量加权平均价格算法是一个按固定进程执行的交易策略,所以信号风险很大,交易模式和规律较容易被有经验的交易员发现。针对这一点,时间加权平均价格算法(TWAP)的风险更大,因此我们将它列于有效曲线和交易量加权平均价格算法的上方——同样是被动交易算法,它的效果略逊于交易量加权平均价格算法。总体而言,如果被交易的标的市值很大、日交易量很大、波动性较小,那么交易量加权平均价格算法和时间加权平均价格算法的效果就会比较好。

10.3.2 综合考量方法

我们换个角度来考虑交易策略的选择问题。这个角度无非是要包含所有可能想到的因素:交易的目的、市场情况、大量的交易信息、投资人的情绪、市场的微观结构和监管规则等。或者说在什么情况下应该使用哪种交易策略更合适?

同样是交易量加权平均价格算法,如果综合所有因素考虑的话,买方交易员最常用的交易策略就是交易量加权平均价格算法。原因如下。

第一,大部分交易效果的考核就是以交易量加权平均价格算法为基准的。如果你的算法优于市场的交易量加权平均价格算法,那么你的交易将事半功倍。

第二,在流动性相对充足的情况下,交易量加权平均价格算法也很实用。流动性够不够只是相对而言的，如果交易单的大小只有日平均交易量的 5% 左右，那么交易量加权平均价格算法再合适不过了——基本上对市场没有任何瞬时冲击。但是如果交易单太大，例如，超过了日平均交易量的 30%，交易量加权平均价格算法不一定是一个很好的选择。

第三，交易量加权平均价格算法使用非常简单方便，因为交易量加权平均价格算法的策略较容易理解，对于初级的或者刚入门的交易员来说很容易上手。时间加权平均价格算法对于交易时间间隔有很强的要求（很可能是因为交易标的本身的特点或者交易所的交易规则），并且通过随机分割子交易单的大小来降低信号风险，它也是交易员经常使用的交易策略之一。

对于向买方交易员提供交易工具的卖方机构，或者专门销售交易系统的第三方机构，交易量加权平均价格算法和时间加权平均价格算法基本上是系统里的标配。基本上每一家交易系统里提供的算法都有交易量加权平均价格算法和时间加权平均价格算法，只是各自的具体实现有细微差别而已。由此可见每个交易日使用时间加权平均价格算法和交易量加权平均价格算法的交易员的规模之大。

根据固定交易量百分比制定的策略（POV）是典型的以交易量为目标驱动的策略。除了有每个子交易单的交易限制，也有时间限制。为了降低信号风险，在提交每个子交易单时往往将交易量限制在一个范围而不是一个固定的数字。当交易标的的交易次数比较频繁，最佳买卖差非常小的时候，POV 的效果非常好，它可以很好地跟踪股市交易量。当交易员希望在一个交易时段里合理地控制交易参与度的时，POV 是个不错的选择。

当交易员需要考虑交易对市场的瞬时冲击和机会成本时，可以使用执行价差算法（IS）。既想快速完成交易又想减少对市场的影响，对于大额交易单来说很难同时做到，只能在二者之间找出一个平衡点。在考虑到交易时长和交易成本的时候，执行价差算法总是将第一个子交易单的交易量分配得较大，然后剩余的子交易单都会相对较小。交易的频率会根据算法中的数学模型计算出来，这个模型里包含了股票的波动率（Volatility）、最佳买卖价差（BBO）、需要快速完成交易的迫切性（Aggressiveness）。最核心的是这个模型里有一个交易量曲线，曲线是根据历史交易量和当前市场情况模拟出来的，算法会按照交易量曲线来分割交易单，例如当开市和收市时交易量相对较大。如果市场真的按照模拟的交易量曲线发生了，那么按照 IS 算法执行的交易对市场的瞬时影响是最小的。

交易员除了用交易量加权平均价格算法作为交易效果的评价基准之外，也常常使用交易单提交时的即时价格（Arrival Price）作为交易评价基准。当交易员使用后者时，IS 往往是首选。

对于交易活动不是很频繁的证券，流动性是保证交易质量的关键。我们在介绍交易策略分类时专门把以搜寻市场流动性为主的交易策略划分为一类。当证券的日平均交易量很低或无法满足交易单的需求时，交易员一般都会采取此类交易策略。因为对于流动性的捕捉很难预测，这类交易策略需要的时间往往无法确定或者很长。策略通常把交易单隐藏起来以免吓跑潜在的或隐藏着的流动性，而当外面的流动性足够完成交易或者价格进入其限价范围时便很积极地开始交易。这类算法也适合流动性不太好的中小盘股，交易员非常想交易这些证券但是需要在适当的市场情况下才会主动参与。交易员在隐藏起交易单的同时还会用各种技巧去消除因主动交易带来的痕迹。

以流动性为驱动的交易策略基本上包含了许多类似或相似的算法，如有的卖方将它叫作狙击（Sniper）、伏击（Ambush），或者游击（Guerrilla），都是伺机而动、守株待兔的策略——等待流动性的出现但又不暴露自己。

黑池是电子交易平台和算法交易快速发展之后的产物。作为一个另类的交易场所，交易员自然不会放过这里可能出现的流动性。当交易员需要完成一单大额但是流动性又不是很好的交易时，最担心的就是交易信息的泄露，黑池因此成为了这种大额交易的第一站。针对各种黑池流动性的交易策略也应运而生。其中智能交易单分配策略（Smart Order Routing）很好地解释了如何使用黑池的流动性。我们曾经在执行技巧中详细地介绍过智能交易单分配策略。具体到应对黑池流动性时，交易策略会将所有黑池的交易单列表汇总成一个更完整的虚拟的交易单列表，其中包含隐藏流动性以提高交易在黑池中完成的概率。

10.4 一些交易心得

因为工作的关系，笔者先后在全球金融机构中最大的卖方和最大的买方担任过交易员，经历了市场的大起大落。在这一节中，笔者将近二十年的市场经验简单地总结一下，以飨读者。如果想听到更多的故事和心得的话，希望有机会可以与各位看官茶叙。

10.4.1 重中之重是严格遵守纪律

在规定的时间执行规定的计划，即使没有任何收获，只要时间到了就要收手，将损失降到最低，这就是严格执行纪律。研究博弈论的学者专门撰写了一些学术文章来解释人们在利益面前的各种心态。更有心理学家专门从心理学的角度阐述了人们在极端市场情况下的各种心理反应，进而影响到实际操作。在笔者看来，与其说交易员是在与交易对手博弈不如说交易员时刻都在与自己的心态博弈。在巨大的利益面前人们所表现出来的贪心往往是一错再错的根源，而严格遵守纪律可以在一定程度上遏制这种错误。

我们在这里提到的纪律其实就是根据市场经验总结出来的一条条规则。它是若干年以来交易市场上各种成功和失败经验的高度总结，是经过无数金钱和心血所洗礼过的。人们总是说历史会重复，可到真正的相似事件再次发生时，你就会发现人们是有多么健忘，将幼稚而可笑的错误一犯再犯。我们需要这些纪律、原则和规则来提醒我们不要重蹈覆辙。

从统计概率上讲，如果严格执行纪律，交易员会在大多数的情况下盈利。但是人不是机器。当市场刚刚出现下行趋势时，人们总希望等待市场反弹弥补早期出现的损失，但实际上如果及时地止损还是可以控制住风险的；当市场发展到极度恐慌的情况时，人们往往被各种不利因素影响，对市场极度失望，从而疯狂抛售；而在另外一种极端情况下，当市场情绪非常乐观时，交易员又容易变得更贪婪，迟迟不肯锁定利润或者对冲风险。因此，最好的方式是借助系统设定止损线和止盈线。触及设定值就直接进行交易操作。

这些止损线和盈利线一般都是依据市场经验而设定的，主要的交易纪律和原则也是经过市场风雨的洗礼而沉淀下来的。因此，新入场的交易员没必要再浪费自己的时间重新来过。如果真的经历了足够的市场风浪还没有纪律可言，往往你早已经是被淘汰的众多参与者之一了。另外，不遵守交易纪律或者突然的临场发挥有时也能获取暴利，而遵守纪律却通常失去这种机会。这种交易结果对交易员的打击很大，人们只记住了获取暴利的那一刻，从而会引诱很多人放松警惕。但是这些暂时的利润无法长久，而守纪律获取的却是长久而稳定的回报，切不可因小失大。

如果用纪律来约束有关交易的所有执行层面的动作，而不是通过临场发挥和随机应变来决定的话，交易中的人为失误会大大减少。一个有效的交易系统是帮助完成纪律约束的不错选择。交易系统通过结合交易规则、交易经验、市场信息和统计概率模型等来规范交易操作，而不是完全依靠交易员的个人感觉。

10.4.2 耐心地等待时机和明确的交易信号

投资最为关键的一点就是预测市场。准确预测到市场将会发生什么根本不是难不难的问题，而是不可能的问题。我们最多只能以概率来代表对每一种市场情形的预测，而当某一种场景发生后，前面的那些概率数字都变得毫无意义。更有可能的是，市场接下来发生的情况根本就不在我们预测之中。如果在市场情况没有明确下来之前忙于交易操作，有可能交易亏损也有可能盈利，但以我的经验来看，亏损的偏多。

很多交易员最常犯的错误就是交易次数太频繁。他们不会慎重选择适当的交易时机。当他们看到市场波动时，就想进场交易，这无异于强迫自己进行交易，而不是居于主动的地位耐心地等待交易良机。因此，与其说我们要千方百计地预测市场倒不如说要踏准节奏。

在交易之前耐心地完成很多研究工作是我们能够在交易中盈利的基

础，但完成这些研究工作还不够。最初的获利是好事也是坏事：好处是获利印证了我们前面的判断是正确的，对自己的投资逻辑信心百倍；坏处是信心过大就变成盲目自大了，该交易的交易，不该交易的也交易，过于频繁的交易反而破坏了交易节奏，增加了成本，很可能扭赢为亏。

因此，只有在市场给了你一个明确信号的时候再开始行动。任何时候都不要在市场本身没有给你发出进场或出场信号的时候开始交易，你可以根据自己所掌握的信息得出市场可能要涨或跌的判断，但千万不要领先市场而动，必须要等市场给你这个交易信号之后才能进场，最好是市场确认了你的判断之后你再行动。

市场信号的来源往往并不神秘，甚至就在我们生活中间。A 股市场充满了这样的例子。2015 年 6 月 12 日，A 股指数收在了近 7 年又 4 个月里的最高点 5410.86，而在这之后的四个星期之内又狂泻了 35%，暴跌速度之快、幅度之大令人始料未及。但是在下跌发生之前，已经有无数简单而明确的事情提醒人们崩盘的可能。一个对投资领域和金融领域一知半解、只是靠着小道消息就能赚大钱的股市离股灾只有咫尺之遥，这是市场给予我们最明确的信号。更有甚者，当一群有一定积蓄的中产阶级变卖家产以两倍、三倍或者十倍的杠杆进入股市的时候，股市已经完全偏离了其真正的作用，人们把它想象成了提款机。如此疯狂的市场情绪，过低地或彻底忘记了市场风险，这些现象是崩盘之前的典型预警。这种群体的投资心态作为市场信号已被历史验证了很多次了。有经验的投资者不会健忘，历史上的股灾都会历历在目。

对市场保持敬畏的心态，交易员才能不盲目自信、对市场充分敏感和耐心等待机会。

10.4.3 只有一个对手

有一位著名的网球教练问他的弟子："你觉得怎样才能成为世界排名第一的网球选手？"弟子答："要不停地努力直到击败所有的对手就可以了。"教练说："不对，只要每次击败你球网对面的选手就可以了。"是的，要想成为世界第一，你不用去跟每一个高手过招，只要遵循比赛规则和赛制要求，去击败每次与你比赛的对手就可以了。同样作为交易员来说，你不用击败市场上所有的参与者，你只需赢下你的每个交易对手即可，或者你在大概率上击败你的交易对手就可以。

特别是对大宗交易员来说，集中精力研究具体的交易个案比花精力应对其他各种信号更为重要。计算机互联网科技的兴起带给交易员的是大量的信息，这些信息价值有高有低，可信度有真有假，时效性有长有短，因此，过滤掉噪声筛选出真正的信号是交易员必做的功课之一。那么如何辨别信息的价值呢？笔者认为一切从基本功开始。

作为交易员，最初的几种训练是非常重要的。首先就是观察市场，每个交易日都要分析和汇总资金的流向：不论是板块、行业之间的流动，还是买方卖方之间的换手，或是不同区域市场之间的流动，例如新兴市场和发达市场之间的流入/流出，以及各种资产类别和产品的资金投入和撤出（债券市场、股票市场和大宗商品市场之间的流动等）。

其次，交易员需要养成思考市场的习惯。其实这就是利用手上有用信息梳理投资逻辑的过程，经常和反复地思考，自然而然地就会对某一种信号或某一类数据非常敏感，会利用这些数据和信息作出对市场现象的有效解释，从而形成自己的投资逻辑。

再者，交易员可以通过与其他交易员和市场参与者的交流来印证自己的想法的准确性,同时也可以对自己忽视的细节作一个有效的补充。

本章总结

国际象棋大师卡斯帕罗夫曾经举行过一场网络比赛,他面对的对手是来自世界 75 个国家的 5 万名国际象棋爱好者。卡斯帕罗夫每天只下一步,他的对手是通过网络投票决定对策的。比赛从 1999 年 8 月 21 日开始,10 月 22 日结束,历时 62 天,以网络另一端的几万名国际象棋爱好者们认输而收官,卡斯帕罗夫轻松取胜。在卡斯帕罗夫看来,不管形式怎么变,与计算机深蓝交手也好,与网络那边的国际象棋爱好者对局也好,都是一盘棋而已,面对的都是一个对手而已,虽然形式不同,但下棋策略一致,万变不离其宗。

交易也是如此。计算机通信技术的发达使交易方式、交易形式和交易速度都产生了变化,交易工具也丰富了起来,但是交易策略万变不离其宗。也许交易策略细节的改进是为了适应新的交易规则和交易技术,以及交易产品的丰富而带来的改变,但交易策略的核心内容始终是:抓住市场不同的信号,控制住相应的风险,在收益与风险中,交易策略会帮助交易员找到一个最佳的平衡点。

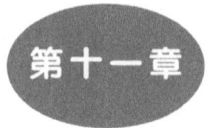

第十一章

交易成本分析

《商业周刊》《华尔街日报》和其他媒体,曾经引用过一些有关金融市场数据的有趣研究:作者将股票市场与发展中国家的奶产品销售情况和家禽的数量作了一个线性回归分析,虽然不能解释任何原因,但是它们之间的相关系数很高。更有甚者,人们还把股票市值与少女穿的超短裙长度的变化也作了数据分析,发现:牛市的时候,少女们的短裙长度偏短;而熊市来临之时,少女们又保守起来。细细想起来,这个现象背后的逻辑比上一个例子更有启发性。读者请自行脑补。

金融市场的数据很多,从事收集、研究和分析金融市场数据的专业人员、模型和学术论文也很多,不一定都有用,但是有一种数据分析我们可以肯定它对投资的作用是非常重要的,那就是交易成本的数据分析。

金融市场一直都在波动,这些波动是由价值的变化、风险偏好的变化

第十一章
交易成本分析

和各种投机的机会所引起的。市场价格的变化主要是由供需关系不平衡引起的；而流动性则会直接影响着每个交易的潜在风险。无论是价格变化还是风险的不确定性，交易成本分析（Transaction Cost Analysis，简称 TCA）帮助交易员合理地记录了交易预期和实际执行之后的偏差。

交易员的预期一般就是当他决定交易时所看到的价格或者设想的价格，而交易完成后的最终价格总会与你的预期价格有一定的差距。更学术一点地说，就是纸上谈兵的价格和真枪实弹的结果之间的差距。衡量这个差距的方法就是作交易成本分析，而这个差距的量化有许多数学模型支持。本书在介绍交易策略的时候，曾经提到过执行价差策略，它的算法模型与交易成本分析很类似，因为它就是为了减少交易成本而设计的。

如果交易成本过高，超过了交易所能带来的盈利，那么以盈利为目的的交易员就失去了交易的动力；实效交易员会因为交易成本过高而影响对冲策略的实施效果，索性就放弃对冲交易；需要现金流的交易员则会考虑过多的交易成本会影响到真正的现金收入。卖方交易员也会关注交易成本，稍许的成本优势也许就会使自己设计的交易工具成为买方交易员的首选，从而赚取佣金。交易所和监管机构作交易成本分析是为了将金融市场的微观结构合理化，进一步降低交易成本，吸引流动性。

交易成本有很多组成部分，并且一一映射到交易的每一个步骤，各自都有明确的划分和定义。交易评价对于交易前、交易中和交易后都有不同的标准和方法，笔者将在这一章逐一详细介绍。

11.1 交易成本分析的源起

股票市场最早时并没有一个固定的场所，所谓的股票交易一般都是发生在饭桌上或者茶余饭后心情愉悦的时候，在那个时候根本谈不上什么交易费用。买卖双方都是基于长期的朋友关系、生意伙伴，或者由共同认识的朋友搭线才坐在一起，交易也都是在宾主友好的气氛下进行的。寻找买家或卖家的过程是一个相对漫长的过程，股票交易的圈子也往往是一个小的朋友圈，很少对外公开。另外，最早的一些证券的价格都比较高，一般人甚至是中产阶级都很难购买哪怕只是一股。例如，早些时候英国一些股票的价格动不动就几英镑一股，而且只按每 10 股或每 100 股交易。当时的中产阶级月收入也就几英镑，哪有闲钱来买卖股票？股票也就在一些大佬、实业家、商人和银行家之间炒作，因此也就没有什么交易费用和佣金之说，买卖双方都是经过磋商之后谈好一口价。

随着证券（特别是股票）的概念广泛地被人们所接受，人们越来越关注股票所产生的经济价值。早期的股票数量有限，当被给予更多关注的时候，就变得供不应求，价格自然水涨船高。据说在 19 世纪后半叶，英国和美国的民间股市已开始活跃起来，股票的价格在短时间内动不动就可以炒高几倍甚至几十倍。当实业意识到股票是一个相当方便的融资渠道时，比较有先见之明的企业开始发行股票。股票的种类和数量开始多了起来。想要购买一只心仪的股票，可能需要中介的介绍才能达成。特别是比较着急的卖家，或者渴望买到股票的买家更需要通过中介来寻找交易对手，而主动的一方或交易双方一般是需要付中介费的，这就是交易成本中佣金部分的雏形。同时，股票市场的活跃也催生了一批中介和经纪公司的诞生。

第十一章
交易成本分析

当在纽约市井中买卖股票的人们开始聚集在一起，并且这个交易地点固定在曼哈顿岛华尔街的一株大树下的时候，从事股票交易的人员和股票信息开始出现比较集中的现象：一个人或几个人对某只股票非常熟悉。这里所说的对某只股票熟悉意味着他们很清楚地知道谁是这只股票的潜在买家以及谁是潜在的卖家；关于这只股票所有的真消息和假消息都来源于他们；对于股票的真正数据和公司状况他们了如指掌。这些人就是我在《金融交易与市场》一书中提到的专家交易员（Specialists）的雏形。股票交易发展到专业人士的出现基本上就要收取费用了，而这些费用开始时只有佣金这种形式。

股市在继续发展，参与交易的人们从树下转移到了室内，所有跟交易有关的硬件都先后大幅度更新。有了墙壁和屋顶之后，交易地点可以抵挡天气的变化，人们可以不用顾忌刮风下雨而日复一日地交易；当然还有交通工具的帮助，从骑马、坐马车，到开汽车，再到今天的地铁等公共交通，交易员可以风雨无阻地赶往交易场所；在那个大槐树下的小黑板，也慢慢地换成大黑板、打字牌，再到电视屏幕、滚动 LED 显示屏；交易员互相交流的方式，由面对面交谈、手势比画，到通过电报、电话，再到使用今天的互联网计算机通信技术，连交通工具都可以省了，因为人们实现了远程交易；人们交易的方式也丰富起来，从最初的当面讨价还价，到今天的系统撮合或者是通过手持 PDA 计算报价。每一次细微的演变都可以使金融市场更加活跃，交易量在每个阶段都会出现一次跳跃式的增长。在这种情况下，交易成本已经不能用佣金和固定费用来解释了，交易员要开始考虑到对市场的冲击作用。最常用的一个解释就是佣金和交易所收取的固定费用只是整个交易成本的冰山一角而且是浮在水面上的一小部分，大的成本是隐藏在水下的，如图 11-1 所示（图示中的各个组成部分，我们稍后有详细讨论）。

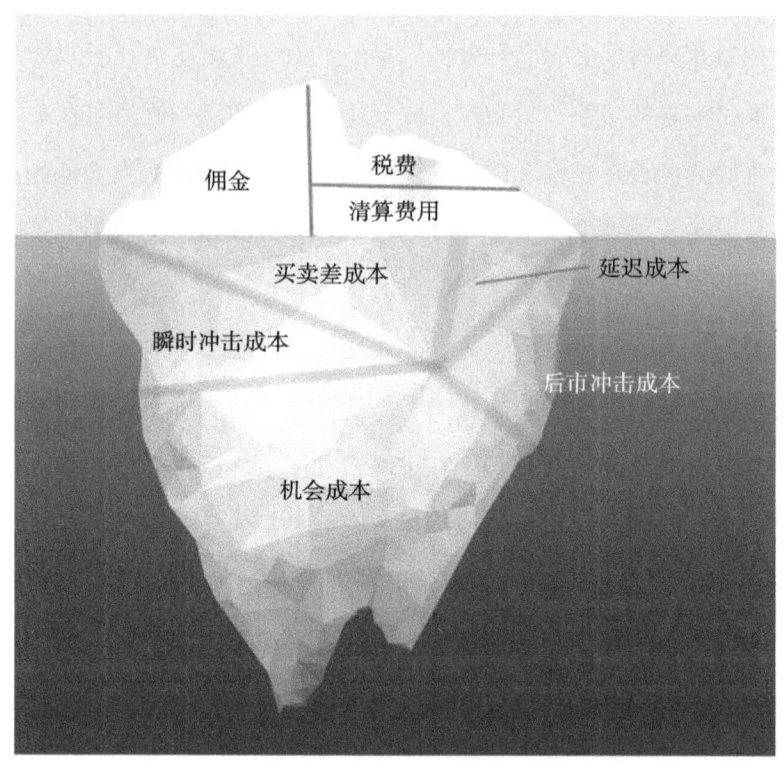

图 11-1　用冰山解释交易成本的固定部分与隐藏部分

交易成本最早被提出是在 20 世纪中叶，它不是出现在金融市场，而是出现于企业的进出口贸易和销售渠道的成本分析中，它同样是基于经济学中的资源配置的理论的。但是这个新理论的诞生为后来金融市场的交易成本分析提供了一个研究框架和分析方式。到了 20 世纪 70 年代，奥利弗·威廉姆森（Oliver Williamson）在经济学界提出了交易成本的一些分析方法，但始终被排斥在传统的经济学之外。

第十一章
交易成本分析

市场的需求推动了交易成本的发展,最先是买方交易员认识到了交易成本分析的重要性。特别是在被动投资组合中,实时交易的分析非常重要,这当然包括对交易成本的实时分析。大多数的公募基金、养老金和保险基金都普遍采用了这一做法。紧接着,就是卖方交易员意识到交易成本分析是一个很好的提升服务质量、改善交易工具的方法,从而能够更多地吸引客户。再后来,就是第三方研究机构和交易系统的服务商对交易成本分析的不断推陈出新,以求在竞争激烈的交易市场上分得一杯羹。

随着市场上交易产品和参与者的增多,世界各国的监管者也开始注意到交易规范的问题,而交易成本分析就是一个很好的衡量手段。监管者和监管机构进一步推动了交易成本分析的盛行。

MiFID(*Markets in Financial Instruments Directive*)在 2007 年 11 月 1 日起在欧盟成员国内正式实施。这项金融法规是在 2004 年 4 月由欧盟全体成员国一致通过的,它严格地规范了投资服务,其中重点就是最优执行(Best Execution)。那么如何判断投资服务是否是最优执行呢?其判断标准就是交易成本分析。这项监管制度对交易的各个步骤都有所规定或者指引,包括交易价格、交易时间、成本计算、交易后的报表、交易披露、与客户沟通以及整个交易过程的合理性。这项措施也推动了电子交易系统的发展和广泛采用,所有的交易步骤和监管要求可以通过交易系统执行和监视。

美国出于建立标准化、现代化交易市场的目的,在 2007 年 3 月开始实施 Reg-NMS(国家市场系统管理规则)。它同样规定了最优地完成客户所委托的交易单所需遵守的规则——适价成交规则,卖方交易员需以市场当时最佳的价格为标的完成交易。

11.2 一个简单而实用的分析方法

经济学家们有一种方式用于在交易之后评估交易员对交易的贡献——交易员盈余（Trader Surplus）。无论是对买家还是卖家来说，交易员盈余都是成交价和估值之间的差值。如果估值是一个明确的量化指标的话，优秀的交易员会保证在成交价优于估值时更多地完成交易，从而使交易员盈余最大化。对于某个已完成的交易，买方交易员和卖方交易员贡献的交易员盈余就是双方之间的估值差价再乘以成交量。

我们很难量化交易员的心理估值，但是我们可以通过交易员提交的交易单来作简单分析，大致估算出数值。交易单的限价也许会表现出交易员的估值，因为限价不应该高于买方的估值或者不应该低于卖方的心理价位；而市价交易单意味着交易员对目前市场价格的波动范围感到满意，最终的成交平均价都会优于交易员的估值。

还有一种方法可以显示出交易单是否真实反映出了估值，那就是观察交易员是否对发生的交易或未能参与的交易感到后悔。如果交易员对已成交的交易感到后悔，很可能是因为成交价劣于估值，没有达到交易的真正预期——要么买方出价过高，要么卖方限价过低；如果交易员对未能参与的交易感到后悔，意味着交易单中的限价或交易单所反映出的价格太过保守，交易本来是有可能在自己满意的成交价完成的。只有当所有交易员对所发生的交易或未能参与的交易满意而并不后悔的时候，交易员盈余才达到最大值。

不同的交易定价规则产生了不同的交易员盈余的计算方法，我们借助统一定价规则和阶梯定价规则的两个例子进行比较，如表 11-1 和表 11-2

所示。在以下估值中，我们看到市价交易单的估值高于所有其他限价交易单（买入单）。

表 11-1 统一定价规则下交易员盈余计算结果

交易员	交易单	估值（美元）	成交数量（股）	交易员盈余（美元）
詹妮弗	市场价买入 4 股	10.2	4	（10.2-10）×4=0.8
大卫	限价 9.8 美元卖出 6 股	9.8	6	（10-9.8）×6=1.2
盖伊	限价 9.8 美元买入 9 股	9.9	9	（10-9.9）×9=0.9
贝蒂	限价 9.9 美元卖出 10 股	9.9	10	（10-9.9）×10=1
亚伦	限价 10 美元买入 7 股	10	7	0
艾力	限价 9.9 美元卖出 10 股	9.9	10	（10-9.9）×10=1
克里斯	限价 10 美元买入 8 股	10	8	0
伊恩	限价 10 美元卖出 6 股	10	2	0
总和				4.9

表 11-2 阶梯定价规则下交易员盈余计算结果

交易员	交易单	估值（美元）	成交数量（股）	交易员盈余（美元）
亚伦	限价 10 美元买入 7 股	10	7	0
贝蒂	限价 9.9 美元卖出 10 股	9.9	10	（10-9.9）×7=0.7
克里斯	限价 10 美元买入 8 股	10	8	（10-9.9）×3=0.3
大卫	限价 9.8 美元卖出 6 股	9.8	6	（10-9.8）×5=1
艾力	限价 9.9 美元卖出 10 股	9.9	10	0
弗里斯特	限价 9.9 美元买入 8 股	9.9	8	（9.9-9.8）×1=0.1
盖伊	限价 10.1 美元买入 9 股	10.1	9	（10.1-9.9）×3=0.6
伊恩	限价 10 美元卖出 6 股	10	6	（10.1-10）×6=0.6
总和				3.3

给定相同的交易单集，统一定价规则下交易员创造的盈余要多于阶梯定价规则。首先，统一定价规则鼓励买方和卖方作出激进的定价——估值最

高的买单必然与估值最低的卖单最先匹配；最终的成交价格将潜在的买家和最终成交的买家分开，同样也分开了潜在的卖家和实际的卖家。优于成交价格的估值必然最终参与到交易中，而那些估值不及成交价格的交易单最终没能成交，但是同样满足交易员的预期。只要交易员不留有遗憾，交易价格应该合理反映了买卖双方的需求与供给，因此也就最大化了交易员盈余。

11.3 解析交易成本

只有找到问题的所在，才能够解决问题，彻底解决问题之后才能有所改进。如果你都不知道问题出在哪里，如何谈得上解决问题？也就更别说改进了。我们在作交易成本分析时，同样需要知道这些成本来自哪里，尽量细化以便将有问题的部分改进。

交易成本就是纸面收益（或者预期收益）和实际交易后收益之间的差额。交易成本主要由两部分组成：固定成本和隐性成本。固定成本相对明确，它包括佣金、清算费用、税费和其他相关费用。这些费用都是有据可查的，要么是通过协商达成一致的，如佣金，一般以交易额的万分之一作为一个单位，或者也有像美国那样以美分为单位按每股收费的；要么是公开信息可以在交易所的网站上查到的，如结算费用等。交易成本中的隐性成本是相对较难估算的，它包含延迟成本、买卖差成本、冲击成本（瞬时冲击和后市冲击）和 Alpha 能力。

11.3.1 最佳买卖差成本

如果交易规模较小，那么隐性成本中一个重要的组成部分就是最佳买卖差成本。我们在介绍专家交易员和市场流动性的时候提到过这个数据，它主要是衡量交易员索取流动性时的最低成本。如果交易是双向的，它的最低成本就是一个最佳买卖差；如果交易是单向的，流动性成本就是最佳买卖差的 1/2。这个买卖差也会随市场情况的变化而变化，市场波动大的时候，最佳买卖差可能变得很大；而当流动性充足时，最佳买卖差可以保持得较小。股票的活跃性和流动性也会影响到最佳买卖差的大小，大盘股的最佳买卖差相对于中小盘股票要小一些。我们用公式（1）来计算最佳买卖差成本：

$$\text{最佳买卖差成本}(spread\ Cost) = \sum_{i=1}^{n}(v_i \times \frac{1}{2}s_i) \quad (1)$$

其中，v_i 是每一个成交的子交易单的交易量，S_i 则代表子交易单成交时的最佳买卖差。

最佳买卖差成本根据不同的市场和交易标的而有所不同。在比较成熟的交易市场中或大部分发达国家交易场所中，最佳买卖差普遍较小，而在发展中国家交易市场的最佳买卖差相对较大。对不同的交易标的和资产来说，买卖差也会差异很大。例如，中国 A 股新三板的最佳买入价和最佳卖出价之间的差距就要比主板市场大很多。同样，大市值的股票比小市值股票有着更低的最佳买卖差；剧烈波动的股票通常都有很大的买卖差。交易员的交易风格也是影响买卖差成本的因素之一：比较激进的交易员会不计流动性的成本完成交易，股价会因此而出现波动并伴随着较大的买卖差。

如果交易规模较大，最佳买卖差成本就只是交易成本中的一部分而且是很小的一部分。但最佳买卖差作为波动性的一种体现也会被相应放大，因为交易大单会影响到流动性，而流动性的变化会影响供需双方的变化，进而引发不平衡，随即出现股价的变化，这就直接反映了交易对市场价格的冲击。如果交易规模足够大，则会直接影响价格深度（增加涨幅或跌幅），并且借此传递给所有市场参与者新的信息，价格从而会变得更高（买）或更低（卖）。

11.3.2 市场冲击

隐性成本中很重要的一部分是市场冲击，这部分也是由两部分组成的——我们把交易时给市场带来的成本称为"瞬时冲击成本"，而交易后的延续效果称为"后市冲击成本"。如果我们再细分的话，后市冲击成本又可以分为两部分：第一部分是在交易完成之后到交易日结束之前这段时间内体现出来的。如果交易是大规模买入，交易完成之后股价很可能逐步回落，造成交易价格和最后收市价格有一个差值，因为交易对市场造成的冲击往往起到负面作用——如果是买入的话，市场冲击造成价格越来越高；如果是卖出，短暂的冲击会把价格压得很低。当市场进入到尾声时，同样对于大规模买入的交易单来说，如果收市价格高于交易价格的话，说明后市短期市场冲击已被价格走势所弥补，或者说交易员捕捉到了市场价格的短暂走势，从而弥补了市场冲击带来的副作用；而收市价格低于交易价格则说明交易当时对市场造成了一定冲击，但市场短期内并没有认可这个交易所带来的信息的有效性。在这段时间里，瞬时冲击的效果已经褪去，只剩下后市冲击成本。

作为通常交易成本分析的分析标准，我们用公式（2）（3）量化市场冲击：

$$\text{市场冲击}(Market\ Impact) = M_t + M_p \qquad (2)$$

$$\text{市场冲击} = \sum_{i=1}^{n}[v_i \times (p_i - p_b)] \qquad (3)$$

上述公式（2）中，M_i 是交易对市场的瞬时冲击，M_p 则代表了后市冲击。在第二个公式中，v_i 和 p_i 分别代表每一个子交易单执行时的成交量和交易价格，P_b 代表最佳买入价或卖出价（视交易单买入还是卖出而定）。

后市冲击成本对市场的另外一个影响体现在交易完成之后的几个交易日内，可以根据投资持有时间的风格来规定观察时间的长短。交易之后T+1 和 T+2 都出现反复波动的话，说明市场对交易提供的信息分歧很大；如果市场价格是单一向上的，表明了市场的普遍认同；单一向下则表明投资者对标的的一致否认（买入单）。

11.3.3 衡量 Alpha 能力

我们把交易成本分析中最难量化同时也最能体现交易员能力的重要部分称为"Alpha 能力"，简单解释就是交易员的盈利能力——因为这部分完全依靠交易员的主观判断。我们把这部分又可以细分为三个部分：机会成本、择时成本和趋势成本，分别衡量交易员把握机会的能力、择时交易的能力和判断市场走势的能力。

我们先了解一下机会成本。如果市场变化太快，交易往往很难完成，也许只完成一部分或者根本就没有完成，这就造成了机会成本。在交易过程中机会成本是实实在在的——也就是说这部分成本是可以避免的，但只有在事后才能衡量出来这部分的大小。这部分成本反映出了交易员的执行能力，交易员根据自己的经验和对市场的敏感度来操作，这块收益可以是巨大的，但风险自然也很大；而价格走势带来的机会成本类似于 Beta，如果看清了价格走势而且抓住了机会，这部分的机会成本相对较小。但是如果错过了，机会成本就反映为市场走势在价格上的直接影响。这就是我们经常在 A 股看到的遇到涨停错过了买入的机会和遇到跌停错过了卖出的机会的现象。在 A 股市场中这种机会成本是巨大的。

机会成本一般以下面的量化公式形式体现：

$$\text{机会成本}(Opportunity\ Cost) = (V - \sum_{i=1}^{n} v_i) \times (p_c - p_a) \qquad (4)$$

其中 $\sum_{i=1}^{n} v_i$ 是所有完成的子交易的交易量总和，V 是交易单大小。p_c 和 p_a 分别代表收市价格和到达价格。因此机会成本就是未完成的交易量与收市价格和到达价格之差的乘积。这个成本最终是在下一个交易单完成的价格成本高于当前价格成本时出现的。

顺着时间的推进，价格的变化在某个时间区间内都会有一定趋势。对于买入方来说，向上的价格趋势会增加买入的成本，但是整体资产却增值了；而向下的价格趋势虽然降低了买入成本，但是资产最终反而贬值了。我们通常用下面的公式来计算价格趋势成本：

$$\text{趋势成本}(Trend\ Cost) = \sum_{i=1}^{n} [v_i \times (p_i^* - p_0)] \qquad (5)$$

p_i^* 是每个子交易时点的趋势价格，p_0 是到达价格。对于 p_i^* 的计算每个交易成本分析都不尽相同，主要是取决于每个算法对市场价格的预期。

一些算法特地关注了短期内的价格趋势——例如执行价差算法（IS）和收市价格算法（MOC）——这样可以很好地控制价格趋势所造成的成本，因为它们对价格的敏感是算法执行的优先考虑目标。但是对于交易量加权平均价格算法和时间加权平均价格算法这些按进程来执行的算法来说，如果在其执行的时段内，价格趋势很明显，可想而知，价格趋势成本会显著上升。为了改进这一劣势，许多交易策略设计者会根据市场走势改进按固定进程执行的算法，根据价格的变化在完成子交易单时会适当地积极一点或被动一点。

什么时候买入？什么时候卖出？这永远是交易策略中最难的两个问题。价格的波动性和流动性因素会使交易在具体执行时存在着很大的不确定性，具体的体现就是在交易的择时上难度非常高，交易的不确定性基本全都反映在择时成本上了。如果交易员缩短交易时限，择时风险可能会降低很多；但是由于流动性的限制，择时成本是降低了但市场冲击又被放大了。因此，交易策略都在试图寻找择时与市场冲击之间的平衡点。一般来说，交易员会参考历史交易量的平均值给市场冲击一个估算：如果市场当前的交易量明显与历史平均值不同，高于平均值的话，市场冲击会比以往要小很多；而低于平均值的话，市场冲击很快就能显现出来。

我们用下面的公式量化择时成本：

$$\text{择时成本}(Timing\ Cost) = \sum_{i=1}^{n}\left[v_i \times (p_i^m - p_i^*)\right] \tag{6}$$

每一个子交易的成交中间价 p_i^m 减去这个时刻的预测价格 p_i^* 再乘以成交量 v_i 后，汇总就得出整个交易的择时成本。值得注意的是，如果我们把趋势成本和择时成本相加可以得到下面的公式：

$$\text{趋势成本} + \text{择时成本} = \sum_{i=1}^{n}\left[v_i \times (p_i^m - p_0)\right] \tag{7}$$

交易一旦结束，趋势成本和择时成本的总和已经确定了：如果趋势成本过高，那么相应的择时成本会偏低。无论你的预测价格 p_i^* 是多少，对这个和的数值是没有影响的。

择时成本对于基于风险因素的交易策略比较敏感，或者说，风险因素为导向的交易策略非常关注择时成本的指标，例如，执行价差算法（IS）和收市价格算法（MOC）。对其他交易策略而言，为了降低择时风险，可以细化到让每个子交易单的执行算法可以选择更主动些。例如像交易量加权平均价格算法（VWAP）这样的进程式算法，当交易进度远远落后于既定进度时，执行算法会足够的主动以保证完成剩下的子交易单。

下一页的图 11-2 是一张交易成本解析图，展示了上面提到的几种交易成本分析方法。

11.4 交易成本分析的作用

如果简单一点理解的话，交易成本分析（TCA）是检验交易效果的一种方法，而且是一种数量化的方法。它衡量了实际交易效果与预期效果之间的差距。那么如何界定交易的预期价格呢？一般来说，交易员把决定下单那一刻的市场价格作为预期交易价格。基于不同的交易策略，这些预期价格也会有所不同。例如，如果交易员使用执行价差算法（IS），一般会采取到达价格（Arrival Price）作为预期价格；而很多交易员喜欢采用标的交易量加权平均价格作为预期价格。实际交易价格就更好理解了，它包含了我们前面提到的所有固定和隐性交易成本。交易成本分析可以告诉所有关注交易的投资者最后的交易价格是否有利于交易本身——价格是否偏高（卖）或偏低（买）。更重要的是，投资者需要借助交易成本分析交易是否是最佳的；如果不是最佳，原因是什么；通过量化分析来改进交易流程。也有一些买方机构和卖方机构通过交易成本分析来评价交易员的贡献和交易水平。

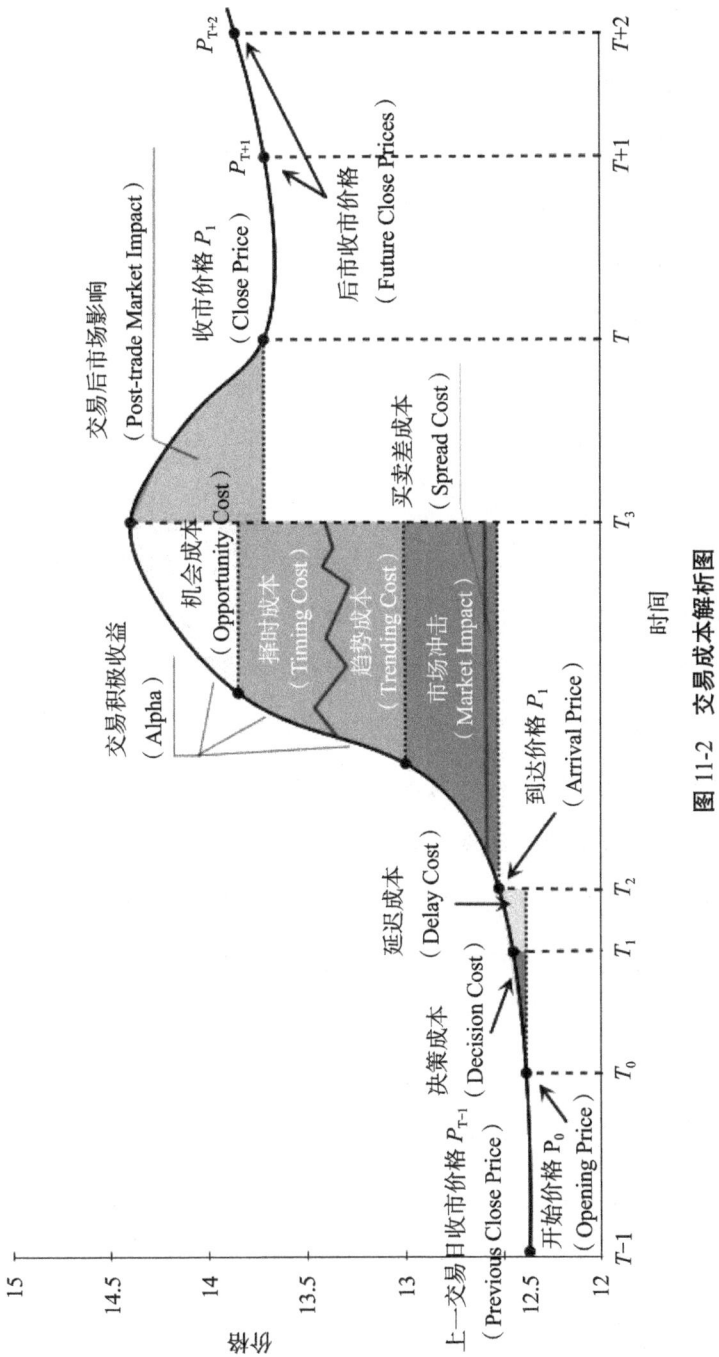

图 11-2 交易成本解析图

交易市场本身就是为了节约交易成本而出现的，交易成本分析可以帮助市场进一步完善这个职能，也使市场本身的有效性得以提高。我们在介绍交易市场时曾提到过，评价一个市场的有效性主要是观察其透明度、流动性、市场波动性和定价的有效性。交易成本分析的引入恰好可以降低交易对市场的冲击所带来的波动性，帮助交易员寻找流动性从而带来更多的流动性，因此也就大大增加了市场定价的有效性。大额交易单的出现往往会对市场造成一定的冲击，如果不注意交易的一些特点的话，市场短时间内的供需平衡会被持续破坏，从而夸大了交易所带来的市场信息。交易成本分析可以帮助交易员严谨地制订交易计划，把对市场的影响降到最低。

流动性向来是改善交易价格的首选。交易成本分析可以帮助交易员洞察到交易中主要的成本所在，从而可以合理地利用好现有的流动性。在所有固定成本已知的情况下，最大程度地降低隐性成本。从这一点来说，交易成本分析提高了市场的有效性。另外，交易成本分析可以帮助交易员选择更好的交易策略，挖掘出更多的隐藏流动性。交易成本分析已被广泛用于比较和评价各种交易策略和交易执行算法。

对于第三方的服务机构和监管机构，交易成本分析提供了技术和基准服务，以保证监管制度的实施和市场秩序的有效性。在欧美等国家的主要监管机构先后推行最优执行原则之后，监管机构或者其委托的第三方服务机构需要通过交易成本分析来检验交易执行是否最优，是否经得起最优成本效益压力测试。交易成本分析同时可以提供各种方式向客户展示其交易执行绩效，并依据既定基准定期向市场或客户公布交易执行情况。

目前市场上卖方机构之间在交易服务方面（经纪业务）的竞争和评价也广泛采取交易成本分析的方式来衡量其运作质量和其在服务中所提供的

附加价值。如果仔细观察的话，每一家券商所提供的技术和基准都有一些细微的差别，而正是这些差别将它与其他券商业绩区分开来——自己给出的结果要好于其他竞争对手。这些自己制定的基准都没有错（对自己的优势环节稍有偏好），并且大同小异，只是有些微调而已，客户还是要根据自己实际需求选择卖方交易工具。

11.5　交易成本分析的步骤

读者从上一节的分析中可以看到，交易成本分析对不同的人群——无论是监管者、市场组织者，还是市场的各个参与者，卖方或买方，都有相当积极的作用。

11.5.1　交易前的交易成本分析

在交易之前作出的成本分析，主要是根据以往交易历史推算出来的固定成本和可能对市场造成的冲击。这个分析除了需要正确的统计方法之外，最重要的是需要强大的数据支持。全面和完整的数据会保证分析结果的可信性。分析结果会包括，流动性预估——是否适合日内交易或短线交易，也就是交易的难易程度；价格波动规律——市场瞬时冲击效果；固定交易成本——根据交易量计算得出。这三项分析会向交易员显示出交易结果的大致范围；并根据分析结果推荐交易策略。这些分析结果只是用来作为交易员进行操作的参考，或者提醒交易员注意一些相关指标，防止出现最低级的交易错误。

例如，当交易单远远大于日平均交易量时，交易单不适合在短期内完成。日均交易量就是流动性数据的典型代表，一般是计算前 30 个或 90 个交易日的交易量的平均值。当交易单的大小小于这个平均值的 20% 时，一般不会对市场造成过大影响；而超出这个阈值时，市场冲击就会在交易价格中显现出来。同时，根据这个数据交易员也可以计算出所需时长：

$$T=\frac{S}{ADV \times \gamma} \quad (8)$$

公式中 T 是交易所需时长，S 是交易单大小，ADV 是交易 30 天或 90 天的日平均交易量，而 γ 则是交易的参与程度——如果交易员想尽快完成交易，这个数值会偏大；反之则偏小。如果 ADV 是 100 万股，交易单大小是 5 万股，γ 取 5%，交易时长需要 1 天；如果在降低参与程度为 1%，交易时长就需要 5 天。

上面的公式只是一个计算交易时长的最基本的公式，许多复杂的交易时间计算公式都是以此为基础衍生出来的，无非是加入了各种各样的参数，或者根据交易标的的特点加入特有的参数。比如在上面的公式中，交易时间计算的准确程度很大程度依赖于日平均交易量的准确度。如果我们把 ADV 的标准方差计算出来并得到一个差异系数（Coefficient of Variation），我们就可以估算出 ADV 的变化范围，也就可以确定交易时长的精度范围。交易单的大小也可以很讲究，特别是对手动交易的参与者来说，信号风险永远是要考虑的；将大额交易单分割往往可以降低很多不确定因素。

交易员在交易股票之前得到的信息包括：交易货币、交易市场地点、总市值、跟这只股票相关的各种市盈率（P/E）和市净率（P/B）数据，还有相关的行业和指数数据。如果是债券，交易前数据包括除了收益率和久期之外，还包括债体规模、信用评级、担保和协议细节。

价格数据是交易前分析的重要数据来源之一。市场目前最佳买单和卖单价格、最高价和最低价会让我们对交易标的价格所处的范围和波动性形成一个大致的印象；并且价格对流动性相对较差的资产非常有帮助——流动性不好会造成每个成交价之间的差异很大；最佳买卖差可以帮助交易员预估流动性成本。市场价格的趋势对交易前进行交易成本分析也很有帮助，根据交易时长的需求，一天的、一个星期、一个或几个月的走势都有不同的作用。

预估价格风险（波动性）的一种方式就是计算价格的标准方差——一定要有足够的数据支撑，通常用 3 到 6 个月的数据。如果价格波动很大，就意味着交易时点的判断风险也很大。那么这个因素会帮助我们决定是否使用比较激进的交易策略。交易前的交易成本分析还会关注市场风险，也就是我们常说的 Beta 值。如果 Beta 值为正则代表交易资产的波动性与市场的波动是同一个方向（正相关），Beta 值越大市场波动对其造成的影响就越大；当 Beta 值为负时，交易标的的波动性与市场背向。

交易前的成本分析更多地提供了参考价值。交易员在交易之前（尤其是大规模交易之前）要尽量多地了解整个市场的流动性、交易标的最佳买卖价差、日均交易量，并依据这些信息估算出不同交易策略所带来的潜在交易成本，这样可以初步遴选交易策略以最小化成本、最大化收益。

11.5.2 交易中的交易成本分析

实时的交易成本总是最复杂的一部分，目前的技术、系统支持和可供解决的方法也不太多。因为市场瞬息万变，系统很难囊括所有数据、信息和各种情况，特别是突发情况。交易中的成本分析很难做到一步到位或者非常精准。但是目前的交易成本分析系统尽量会争取做到以下几点：提示当前使用的交易策略，并且根据市场的变化，建议更改或继续使用现有的交易策略；判断当前的交易进度是否符合最优的交易进度；判断是否可以使用更多的流动性来源，例如，引入黑池和另类交易系统；判断正在执行的交易单与相同行业、相似投资风格、相同执行时段和相同大小的交易单有没有明显的执行区别，或者说是否引起了市场的注意？

其实，在交易实时中的交易成本分析更需要的是随机应变的本事，对交易单执行情况进行实时分析和跟踪，实时获取每一个阶段的交易成本和控制风险的反馈。而这个反馈能被及时输送到交易策略和交易成本分析模块，实时控制交易进度，并且更改或微调执行策略。

11.5.3　交易后的交易成本分析

对于一个出色的交易结果，如何知道交易员到底是非常有经验的还是仅仅只是运气好？交易员的贡献在哪里？如何知道自己的交易算法是否优于竞争对手？如何知道我们的投资决策是否有效？交易完成之后的交易成本分析可以给出一部分答案。而这些比较和分析的基础就是有一组可以用来选择的评判基准，我们将在下一小节中介绍几种交易评价基准。

交易完成之后，当交易员收集到了所有市场数据和信息时，交易成本的分析相对稳定可靠，这一部分的技术相对于前面两个步骤也更加成熟。无论是评价基准（如交易量加权平均价格、到达价格等）还是分析模型的细化程度，都可以使交易员或者使用者找到最为适合自己的应用方法——从下单、交易执行到投资组合的调整都可以提供可靠的分析。交易成本的计算、对执行质量的评估都是最终有效的结果，将其与事先制定好的基准比较，展示执行效果与最优效果之间的差别，然后通过数据分析和其他统计方法改善交易策略。

人们通常用交易日当天的收盘价作为交易后交易成本分析的一种基准，因为根据当天的组合盈亏可以实时计算出交易的效果。而且就像我们前面所说的，在接近闭市的时段中，市场会比其他时段相对活跃，收市价格有足够的信息反映出资产的合理价位。因此，使用收盘价的交易成本分析基本上能判断出交易员捕捉 Alpha 的能力。而若干交易日之后的收盘价可以用来作为投资决策的参考——交易员是否把握到了市场的节奏，抓住了市场的趋势。这两个既直观又实用的基准一直被业界广泛应用。

11.6 交易成本分析的基准

交易成本分析的基准基本上就是我们预期的交易价格，或者是最接近我们预期的交易价格。确定基准其实是一个非常复杂的问题，因为需要考虑的因素有很多：交易过程的时序，即每个子交易单成交时的交易过程；子交易单之间的交易顺序；在同一时点，相同标的其他交易完成的时序；交易标的衍生品的交易情况等。因此，读者可以想到一个完整的交易过程是拥有巨大交易信息量的。无论选择什么样的基准交易成本分析都不可能得到完整的信息，即使有完整信息，想要在有限的时间内分析和利用也是难度很大的。

不同的基准对交易成本的分析结果不尽相同，而且没有一个基准是十全十美的。在某种特定条件下，对于某段时间以及某个特殊资产来说一种基准很有效，而以上的条件如果稍稍有些变化，交易成本分析的结果可能就完全不一样了。读者在选择不同的交易成本基准时需要假设所选的基准价格代表了或最接近我们的交易预期价格。我们将所有的基准分成两大类（或者两种分析交易成本的方法）：即时价格和统计价格。

即时价格就是以某一个时点或多个时点的市场价格作为基准，例如交易日前一天的收盘价、交易日当天的开盘价、收盘价、最高价和最低价等，然后用实际交易价格与选定的基准比较（通常是相除）而得到一个数值。这个数值衡量的是所有隐性成本和固定成本的大小。如果需要细分隐性成本的各个元素时，我们要引入稍微复杂一点的数学和统计模型来加以分析。由这类基准得出的比较数值并不完美，有很多市场和交易因素没有考虑进来（如交易规模、流动性、交易时段等）而只是强调了价格因素，在实战中更多的是用它来整体判断存在更好的交易价格的可能性。

如表 11-3 所示，前两个价格基准在使用时也可引入指数修正，这样把市场的整体因素干扰排除在外。

表 11-3　即时价格基准 [1]

价格基准	通常采用的数值
前一交易日的收盘价：p_t-1	$\dfrac{p}{p_t-1}-1$，或者 $\dfrac{p}{p_t-1}-\dfrac{Index_0}{Index_{t-1}}$
交易单到达时最佳买卖价均值：p_a	$\dfrac{p}{p_a}-1$，或者 $\dfrac{p}{p_a}-\dfrac{Index_0}{Index_{t-1}}$
交易当日最高价、最低价、开盘价、收盘价的平均价格：$HLOC$	$\dfrac{p}{HLOC}-1$

[1] 交易日当天指数开盘价记为 $index_0$，前一天指数收盘价记为 $index_{t-1}$。

第二类价格基准是通过统计模型计算出来的,例如交易量加权平均价格算法(VWAP)。这类基准相当于是第一类的增强模式,将交易量大小、市场冲击和价格走势等其他因素尽可能地考虑进去,如表11-4所示。通过相对复杂的统计模型计算出来的基准,会更加贴近市场当时的真实情况。

表 11-4 统计价格基准 [1]

价格基准	通常采用的数值
交易量加权平均价格:VWAP	$\frac{p}{VWAP}-1$ 或 $\frac{p}{VWAP_{ex}}-1$
时间加权平均价格:TWAP	$\frac{p}{VWAP}-1$
执行价差:p_a(到达价格)	$\frac{(p-p_a)\times V_d+(p_c-p_a)\times V_n}{(V_d+V_n)\times p_a}$

我们在前面的章节中多次提到,交易量加权平均价格、到达价格和执行价差算法是最常用的几种基准,交易员主要是根据交易策略来选择不同的基准;或者,交易员也可以用不同的基准来比较,找到其中最小交易成本所对应的交易策略。交易量加权平均价格用作交易成本分析基准的相对比较普遍,其次是到达价格。

另外一种基准的分类方法是根据使用时的时间点划分的。例如,交易后的评价基准多为当天的收市价格或者是接下来的一天或几天的收市价格;那么以此类推,交易前的评价基准则为交易前一天或前几天的收市价格;交易日当天的即时基准或者统计基准就是我们前面说的HLOC(交易当日最高价、最低价、开盘价、收盘价的平均价格)、时间加权平均价格

---

[1] $VWAP_{ex}$是不包含自身交易的交易量加权平均价格;V_d是成交数量,V_n是未成交数量,即(V_d+V_n)是交易单大小,P_c是收市价格。

和交易量加权平均价格，这些都是随着交易的进行可以实时更新的基准。也正是因为这个原因，交易的即时基准也更加精确，更能准确地反映出交易时的具体情况。

交易员经常使用的另外一个交易评价基准就是收市价格。首先，它的计算非常简单，结果也很直观。收市后，交易员完成所有的交易手续之后，第一眼就想看到今天的交易是否盈利了，从而对自己的投资决策有一个直接的反馈。其次，就像我们上面讨论的那样，越临近闭市，股市越活跃，各类信息和数据也消化得差不多了，这时候的价格更能体现出投资者对交易标的的看法。这个时候市场虽然很活跃，但是波动性也会增大，对于交易员来说，对交易时机的把握就更为重要了。闭市时的定时召集就是减小这种波动性的一种方式。再者，许多交易算法的最终目的就是要使交易价格好于收市价格——如果是买入，则希望收市价高于交易价格；如果是卖出，则收市价越低越好。除非这个算法是直接参与闭市的最后定时召集，否则它需要去预估收市价格和预判市场走势，这样才能使最终的交易价格好于收市价格。收市价作为交易后的评价基准虽然直观易理解，但比起其他统计基准它并不是最精确的交易基准。

在交易当中使用的基准更能反映交易当时的具体情况。例如，HLOC的价格相当于划定了一天的价格范围。有了这个范围指导，一些极端或噪声数据就可以排除在交易成本分析之外。当加入了一些历史数据和统计概念之后，在交易中用到的基准就更加精确了。交易量加权平均价格算法详细地解释了交易价格的变化走势，以交易量大小为权重体现了大单交易对价格的影响；如果交易量数据无法取得或者不是很精确，交易员还可以用时间加权平均价格算法来作为交易时的基准价格，但是局限性显而易见，这种基准无法区分交易单的大小，小交易单和大交易单的权重一样，对价格的影响在最终统计中也区别不大。

无论是时间加权平均价格算法还是交易量加权平均价格算法，这两个数字都是根据交易情况实时计算的。只要有交易发生，数值就会重新计算。时间加权平均价格算法和交易量加权平均价格算法作为评价指标也会鼓励交易员将交易分散进行。特别是交易量加权平均价格算法，对交易单的大小比较敏感：如果交易单偏小，交易员就没有必要使用交易量加权平均价格算法基准，因为过小的交易单如果分散执行会遇到很大的价格风险，使交易价格反而不是很理想；如果交易单过大，例如接近交易标的的日均交易量，交易量加权平均价格算法同样没有意义，因为大额交易单的市场影响本身就是交易量加权平均价格算法；基于交易员的一般经验，交易单的大小一般不要超过日均交易量的 25%，高于这个数值的交易量，交易量加权平均价格算法的效果就会大大降低。

前一个交易日的收市价和开市价一般是交易前基准的首选。依据这些参考，交易员可以大概估算出交易成本。但是由于交易时段的敏感度，特别是开始时市场的波动性往往会降低开市价作为基准的意义——一天中任何时刻的交易价格都有可能背离开市价很多。还有一个可以用作交易前基准的价格就是当交易员决定交易时那一刻的价格：决策价格（Decision Price）。这跟我们前面介绍的另一个价格很相似：到达价格。到达价格和决策价格之间相差的就是执行过程中所带来的价格变动，这一部分我们在交易成本各部分图示中已明确表明了。作为执行价差算法的评价基准，到达价格更为合理一些。虽然决策价格不加交易量加权平均价格或时间加权平均价格更能反映出交易过程中的市场情况，但是这类交易前基准无法被人为地干预，并且很容易计算。

11.7 一个交易成本分析案例

下面这个交易实例无疑是对本章所讨论内容的最好总结。

我们在图 11-3 中可以看到交易员做出的连续交易的一个实例。交易员将交易单分成 5 个子交易单依次完成，表 11-5 中详细列出了价格和交易量。交易单总大小为 25 000 股，实际完成 21 000 股，交易最终完成的平均价格是 12.65 美元。

表 11-5 交易成本分析实例中所用到的数据列表

时间	t_{open}	$t_{decision}$	t_0	t_1	t_2	t_3	t_4	t_5	t_{close}
中间价格（美元）	12.1	12.15	12.25	12.20	12.35	12.7	12.6	12.65	13.1
平均价格（美元）	—	—	—	12.31	12.5	12.87	12.72	12.75	—
趋势价格（美元）	—	—	—	12.18	12.25	12.3	12.42	12.50	—
交易量（股）	—	—	—	4000	3000	5000	6000	3000	—
交易额（美元）	—	—	—	49240	37500	64350	76320	38250	—

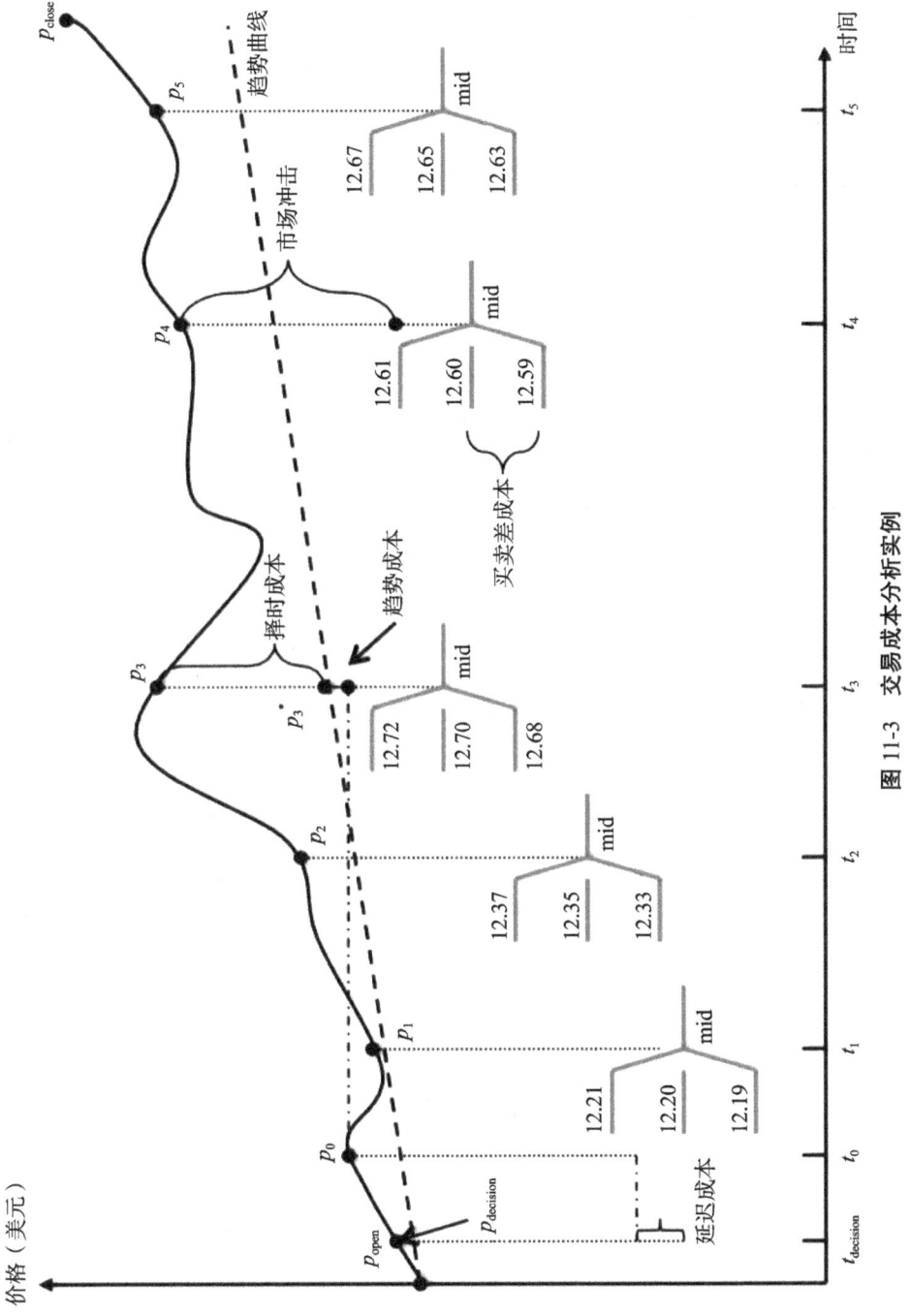

图 11-3 交易成本分析实例

固定交易成本包括各种税、手续费和交易佣金,由于费率是透明公开的,这些成本通过简单的计算就可以得出,笔者就不在这个例子中赘述。

延迟成本是决定投资的那一刻起到交易单送达交易经纪商系统这个时间段内的成本,有物理延迟也有人为延迟:

交易单价值($Order\ Value$) = **交易单大小** $\times p_d$ = 25000 × 12.15 = 303750

延迟成本($Delay\ Cost$) = $S \times (p_d - p_{decision})$ = 30000 × (12.25-12.15) = 3000(99bps)

其中S是提交的交易单大小,p_d是交易单提交到券商时的价格,$p_{decision}$是决定投资的那个时点的价格。随着交易所系统性能和交易员终端性能的不断改进,物理延迟被大大地降低。价格波动越大越要控制好延迟成本,特别是已明显有价格趋势的交易,延迟成本会因为交易员的人为失误而被放大。

交易成本分析中比较复杂的几个部分将在下面的计算中体现出来。首先是最佳买卖差成本——我们把各个子交易的最佳买卖差的一半与交易量累积起来即可。

$$\text{最佳买卖差成本}(Spread\ Cost) = \sum_{i=1}^{n}(v_i \times \frac{1}{2}s_i)$$
$$= 4000 \times (12.21-12.20) + 3000 \times (12.37-12.35) + 5000$$
$$\times (12.75-12.7) + 6000 \times (12.63-12.6) + 3000$$
$$\times (12.69-12.65) = 650(21bps)$$

计算结果说明市场的流动性不太好,流动性成本达到21bps。在较成熟的交易市场中,最佳买卖差成本就在万分之几的数量级左右。在新兴市场中这个数据可以达到万分之十几或万分之几十。当然也有例外,在2007—2009年金融危机时期,美国和日本市场的买卖差成本在10~50bps

之间。

在计算延迟成本和最佳买卖差成本时，它们都有各自的参照价格，例如到达价格和中间价格，而在计算市场冲击时的参照价格就相对较难确定。在交易之前，每个交易员心里都会有一个理想的交易结果，而交易单对市场产生的冲击很难估算出来。我们用前面使用过的公式来计算市场冲击：

$$\text{市场冲击}(Market\ Impact) = \sum_{i=1}^{n} [v_i \times (p_i - p_b)]$$
$$= 4000 \times (12.31\text{-}12.21) + 3000 \times (12.5\text{-}12.37) + 5000$$
$$\times (12.87\text{-}12.75) + 6000 \times (12.71\text{-}12.63) + 3000$$
$$\times (12.75\text{-}12.69) = 2050\ (67.5\text{bps})$$

p_i 和 p_b 在公式中分别代表子交易的平均价格和执行时的最佳卖出价格（因为是买入单）。子交易单会按顺序与交易单列表中的最佳卖单依次匹配直到完成。因此这个公式计算结果给出了市场冲击的总体效果。如果我们再将交易单继续细分成瞬时冲击和后市冲击，计算公式会稍微复杂一些。这主要是根据流动性（日均交易量）和交易单大小等因素来决定的。计算公式我们就不在这里赘述了。一般情况下，瞬时冲击要远远大于后市冲击。

价格趋势和择时成本可以有效地判断交易员对市场的敏感度，或者说是否有足够的经验。本例中的价格趋势成本和择时成本分别计算如下：

$$\text{趋势成本}(Trend\ Cost) = \sum_{i=1}^{n} [v_i \times (p_i^* - p_0)]$$
$$= 4000 \times (12.18\text{-}12.25) + 3000 \times (12.25\text{-}12.27) + 5000$$
$$\times (12.3\text{-}12.25) + 6000 \times (12.42\text{-}12.25) + 3000$$
$$\times (12.50\text{-}12.25) = 1680\ (55.3\text{bps})$$

$$择时成本(Timing\ Cost) = \sum_{i=1}^{n}[v_i \times (p_i^m - p_i^*)]$$

$$= 4000 \times (12.20\text{-}12.18) + 3000 \times (12.35\text{-}12.25) + 5000$$

$$\times (12.7\text{-}12.3) + 6000 \times (12.6\text{-}12.42) + 3\,000$$

$$\times (12.65\text{-}12.5) = 3910\ (128.7\text{bps})$$

在这个例子中，交易员很好地预测到了价格趋势，因此成本为57bps；而交易员的择时能力没有很好地体现出来，远远地高于价格趋势成本，大于2倍——128bps。根据公式可以看出价格趋势成本和择时成本的总和是固定的，一旦交易完成，这部分的成本就已确定了。交易员可以通过拉长交易时间尽量降低择时成本，但是如果趋势较明显的话，趋势成本将显著增加。

在交易成本分析中我们反复强调了机会成本的重要性，此例中机会成本的计算如下：

$$机会成本(Opportunity\ Cost) = \left(v - \sum_{i=1}^{n}v_i\right) \times (p_c - p_a)$$

$$= (25000\text{-}21000) \times (13.1\text{-}12.25) = 3400\ (112\text{bps})$$

如果未完成的交易量越大，那么在这种有趋势的交易形势下，机会成本就越大。机会成本的主要人为原因：一是交易员择时点没有把控好，错过了最佳买入时机；二是流动性太差，或者流动性无法完成大额交易单。

如果我们把这个交易的佣金、税费、清算费用等固定费用设定为市场平均值10bps（成熟交易市场的这个成本只可能更低），那么所有的交易成本我们可以用下面的公式展示出来：

交易成本=

固定成本+延迟成本+最佳买卖差成本+市场冲击+趋势成本+择时成本+

机会成本=10+99+21+67.5+55.3+128+112=493.5bps

延迟成本在这个例子显然过高，在降低物理延迟的同时可能需要更多地降低投资运营方面的人为延迟；市场冲击并不是非常严重，这很可能是因为大交易单被分为多个子交易单，降低了对市场的冲击；尽管多个子交易单尽量在更长的交易时段内完成以降低选择交易时点带来的风险，但是从结果来看，交易效果还是不太好；我们在收市后看到价格有一个明显的趋势，交易成本分析也显示出交易员还是很好地抓住了这个市场走势。

接着我们将引入各个评价交易的基准，在总体上来评价一下这个交易实例的效率。表 11-6 为计算结果与各基准价格的比较。交易最终的交易量加权均价为 12.65 美元。

表 11-6　计算结果与各基准价格比较

价格基准	价格基准数值（美元）	相对性能（bps）
前一交易日的收盘价	11.95	-484
交易当日最高价、最低价、开盘价、收盘价的平均价格：HLOC	$\frac{13.1+11.9+12+13.1}{4}=12.53$	-83
交易量加权平均价格：VWAP	12.73	55
时间加权平均价格：TWAP	12.77	83
执行价差：p_a（到达价格）	12.25	277
交易均价	12.65	—

由于市场价格经过了一个明显的上升走势，交易的平均价格很难好于前一日的收盘价和到达价格——交易均价高于前一日收盘价（-484bps），高于到达价格（-277bps）。交易员可以尽快地缩短交易时间来向这些价格

看齐；但是相对于运用整个交易日计算的价格基准，交易均价要好于各项指标——交易均价好于时间加权平均价格和交易量加权平均价格（55bps，83bps）。图11-4为交易成本分析饼图示例（四舍五入之后取整数）。

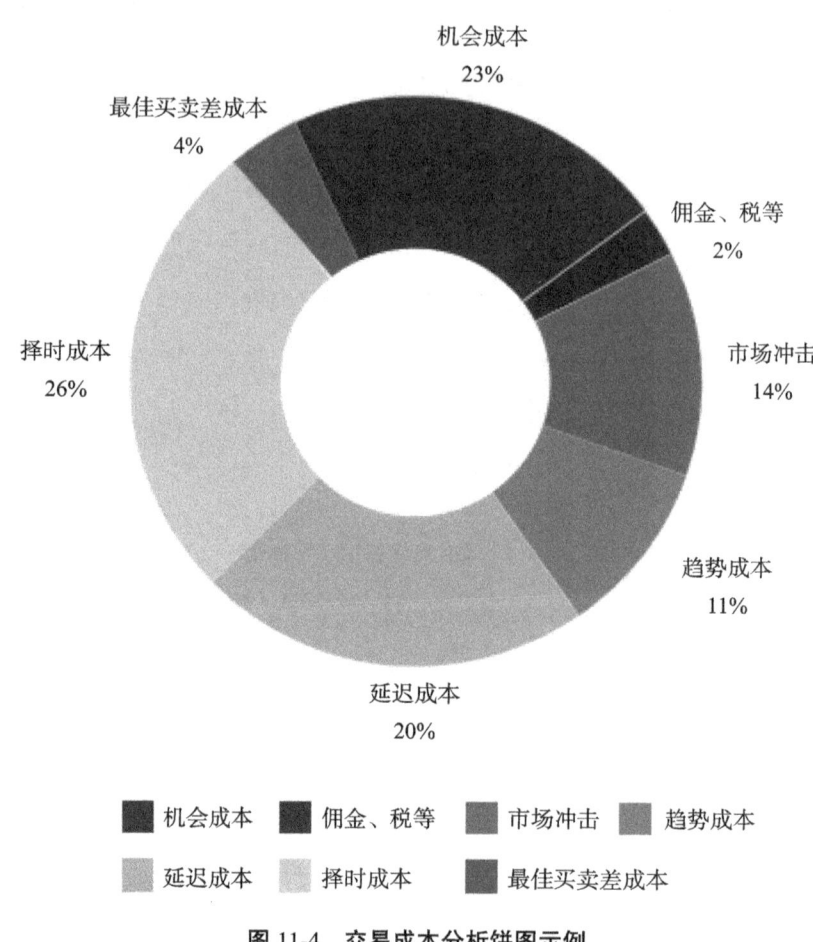

图11-4 交易成本分析饼图示例

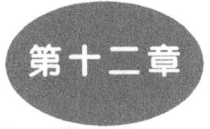

交易中的人与机器

1997年,卡斯帕罗夫——一位23次获得国际象棋世界排名第一和11次国际象棋奥斯卡奖的国际象棋特级大师——以一胜三和两负的成绩输给了一个叫作"深蓝"的名不见经传的选手。"深蓝"是IBM设计的一部超级计算机。这可能是计算机第一次在某个领域战胜人类的大脑。据说IBM还专门为此拍摄了纪录片《Game Over: Kasparov and The Machine》。卡斯帕罗夫事后一直在寻找机会再次应战,但是这似乎不太可能了。因为在比赛结束后,IBM很快拆掉了深蓝,根本没有给棋王复仇的机会。但是我相信如果以摩尔定律来计算的话,不断在硬件和软件上演进的"深蓝"会很快把棋王打得满地找牙的。

卡斯帕罗夫后来倡议再搞一个世界级的国际象棋大赛,由人和计算机组成一个团队与另外一个由人和计算机组成的团队进行比赛。人在比赛中主要是监视自己队友的一举一动，以防出现很夸张的错误，而计算机负责每一步棋的具体实施。但是这一比赛始终没有实现。

20 年之后，又一个具有历史意义的事件发生了。2016 年 3 月一个名为"AlphaGo"的棋手与围棋世界冠军、职业九段选手李世石大战了 5 个回合，以 4∶1 胜出。AlphaGo 是一款围棋人工智能程序，其工作原理是将人工智能中的神经元网络、深度学习和蒙特卡洛树搜索等理论与强大的计算功能相结合，精准处理海量数据和快速决策。2016 年底至 2017 年初，AlphaGo 的 2.0 版以网络账号 Master 注册，与中日韩数十位高手在网上对决，并以惊艳的成绩连续 60 局无一败绩完美收官。从战绩上讲 Master 已经超越了围棋职业九段棋手的棋力。它基本上抛开了人类的棋谱，而是通过不断地实战和深度学习来提高。只要有足够的数据和资料，它就可以自我演进，演进幅度和速度远远超过人类。

同样是海量数据，同样是一种博弈，机器是不是也能轻松地击败交易员呢？

不可否认的是，计算机在不停地取代一些交易员的工作，特别是一些需要速度、准确性和按固定模式来交易的流程工作，例如以毫秒为单位进行的分单交易，计算机可以把人的动作远远地甩在后面并且绝不出错。但是交易员在关键时刻和发生突发事件时作出的决定至少是现在的计算机无法效仿的。人工智能可以在有限集合范围内作出比人类更快速、更准确的决策；而在结果属于无限范围的领域中，至少现在还不能断言人工智能可以在每一方面都轻松击败人类。

如今的优秀交易员会把使用电子交易（DMA 和算法交易）作为最基本的专业技巧之一。在先进的信息通信技术带动下，人们正在计划用计算机系统实现所有交易的自动化。电子交易系统快速、可靠和可扩展的特性迫使传统运营方式，特别是交易的中后台人工操作，迅速被取代。

尽管高科技给交易员们带来了快速、便捷、高效的自动化交易系统，但是世界上很多著名的交易所始终保留着人工交易的特点（Trading Floors）。例如，芝加哥商品交易所集团下的四家商品交易所：芝加哥商业交易所（Chicago Mercantile Exchange，简称CME），芝加哥期货交易所（Chicago Board of Trade，简称CBOT），纽约商业交易所（New York Mercantile Exchange，简称NYMEX）和纽约商品交易所（New York Commodity Exchange，简称COMEX）都保留有口头交易的场所。在这些交易所大厅里，每一种期货合约或者相关的一套合约都有交易所专门设置的交易点（pit）。交易点形状如同小型剧场，而交易员则站在交易点的中心或台阶上。这种设计使所有交易员交易时的表情、动作在整个大厅里一目了然，使交易员的声音尽量清晰。股票、期权和债券等其他交易产品的场内交易大厅都很相似，同样会设置交易点，造型设计根据交易所的不同需要而不同。另外，交易所对场内交易员的物理交易位置非常严格，即交易员必须在相关的交易点进行口头交易。

人为交易至今都保留着他们习惯的交易方式，录入交易单之后的交易步骤才充分利用计算机给他们带来的便利。例如在纽约证券交易所，专家交易员一般都配备一个手持数据处理器，用于浏览或记录一些重要数据、计算证券价格、输入交易确认单以及查看交易结果。而当他们在安排交易的买卖双方和交易价格的时候还是会采用最直接的口头方式。

12.1 衡量标准

交易员使用最多的交易工具是算法交易，这可以看作是人工智能介入交易的一种初期模式。在比较人为交易和算法交易孰优孰劣之前，我们需要制定以下标准用于衡量两种交易模式：第一，从提交交易单、交易单排序、匹配，到交易的最终清算和交割等操作流程，该交易模式是否能够保证整个交易过程对所有市场参与者一致且透明；第二，该交易模式是否可以保证交易员公平地获取市场信息和交易数据。通过这两个标准，基本上可以判定该交易模式是否能够带来更多的流动性——流动性来自于交易员的参与，而交易员对交易市场的积极参与是基于对交易过程的了解和信任。

电子交易系统无疑保证了交易操作流程的公平性，因为系统的每个步骤都是由程序员事先编写好代码才得以去处理不同的交易细节。因此，相同交易条件下的交易在电子交易系统中的流程都是一致的。这种自动化的交易流程避免了人为的干扰和失误——只要程序编得符合交易逻辑，交易的运转流程就永远不会出错。而口头交易的公平性完全依赖于交易员的诚实和信誉。交易员需在短时间内完成交易；证券价格会在短时间内波动得非常剧烈；交易员必须达到相当熟练的程度，具备一定经验才能准确无误地完成交易。所有这些都要依赖于交易员的诚实与信誉，任何的疏忽和私心都会影响交易的公平性——在口头交易中交易员可以否认自己曾经做过哪些对自己不利的交易。由于缺乏实时记录，口头交易有成为空头支票的危险，而且大部分交易丑闻都是在人为交易市场中发生的（例如抢盘交易，front running）。

第十二章
交易中的人与机器

交易市场应该向所有交易员公平地提供信息，然而这种公平性很难在电子交易系统中完美地体现出来。在有强大计算机自动化系统支持的情况下，交易员们仍然采取一百多年来沿袭的传统方式安排交易，他们一定通过这种方式获得了比电子平台中更多的市场信息。或者说他们能够通过面对面的交流击败只靠计算机系统操作的交易对手。而对于交易市场来说，保留口头交易的方式一定也为交易所带来了更多的流动性。

在进行面对面交易的大厅里，交易员可以直接看到人们对某个交易的反应，最先察觉到市场走向；而坐在计算机屏幕之后的交易员根本无法察觉市场的这些变化，只有当这些变化反映在市场当中，出现的大量交易单时，他们才有所察觉。如果交易所采取一定程度的人工跑单的处理方式，那么口头交易员就能很轻而易举地察觉到市场将要发生的交易，从而实现抢盘交易。除了系统报告的市场信息和交易数据，交易大厅中的交易员能够很清楚地看到谁在交易。因为对于有经验的交易员来说，知道交易大厅中哪个交易员在主导交易就可以猜测谁是幕后的推手，因而推断出其交易的动因。虽说口头交易也采取了与电子交易平台同样的匿名交易方式，但是交易员在交易大厅长时间的交流都会或多或少地获悉每个交易员所代表的投资者。口头交易员还可以看到潜在的交易额——人们在交易系统中查看的交易报告只显示了成交的部分。所有这些交易信息是那些只使用电子交易系统的交易员无法直接获得的，也正是这些信息使大厅里的交易员在交易中总是拥有一定的优势。

在交易大厅中成为一个优秀交易员的首要任务就是让所有人能够听到你、看到你，你也要能看到和听到其他重要的交易员。交易员要能通过观察一些主要参与者的肢体语言、表情和声音的变化就洞悉到市场的走向；

如果你想在交易大厅里成为一名举足轻重的交易员，你的动作和你的声音就一定要有识别度，要让其他交易员印象深刻。再加上对一些证券的熟悉程度，有识别度的交易员就会成为这些证券的交易中心。坐在计算机屏幕之后的交易员永远察觉不到这些差别。

12.2 人工智能无止境

深蓝和 AlphaGo 可以算是人工智能发展史上里程碑式的事件。尽管深蓝是一款专门为下国际象棋定制的专用设备，芯片也只能是专用的（IBM 还特地聘请了若干个国际象棋特级大师总结下棋的模式和数据，用于深蓝学习），但是 IBM 在当时硬件配置上显示出来的实力，足以体现出人工智能的强大，完全可以战胜人类最高棋手（国际象棋和中国象棋）。今天即便是一台普通计算机也可以达到或者超过当年深蓝的水平。如果说深蓝代表了计算机在硬件方面可以击败人类，那么 AlphaGo 的胜利就表明了人工智能已经达到了另外一个层次。围棋只是人工智能展示其现阶段研究成果的应用对象，AlphaGo 的真正目的是向人类展现人工智能在算法上和工程上的显著提高：蒙特卡洛树搜索和深度学习的美妙结合。

AlphaGo 的升级版 Master 吸引了更多职业棋手和人工智能的研究者。Master 常常会使出一些超出职业棋手想象力的惊人之举，高手从来没有见过，无法破解，并且毫无破绽："……已经彻底颠覆了我们棋手对局势原有的掌控和判断""给我们棋手带来了震撼"。Master 超出想象的走法要远多于它的前辈 AlphaGo，因此有专业人士猜测 Master 可能是从零开始学习，在没有人类棋谱的帮助下，完全依靠左右互搏的强化深度学习获得提高。因为受人类影响很小，自然会生出许多人们无法预测的招数。相比之下，AlphaGo 训练时用到了人类棋谱 16 万张，人类总结的几万个下棋模式和自己左右互搏产生的 3000 万张棋谱，它的走法自然没有 Master 那样大胆、那样惊人。从计算机围棋的发展来看，人工智能越来越不依赖于人类的知识、经验和棋谱，这很可能是一个新的发展趋势。在强大计算机的支持下，围棋可以实现人工智能，那么交易是不是也可以完全依赖于人工智能呢？

在另外一个领域也有一个人工智能战胜人类的例子。Watson 是 IBM 公司为了纪念公司成立 100 周年而研制的一个专家问答系统，名称来源于 IBM 公司创始人汤姆斯·J. 沃森（Thomas J. Watson）。2011 年 Watson 在美国最受欢迎的智力竞猜节目中击败最厉害的两个人类选手后一举成名。专家们为了设计 Watson 采用了 100 多项与自然语言处理相关的技术，通过存储大量图书、新闻、各种百科全书和影视资料，以及节目组近 40 年的题目和问答进行训练，最终 Watson 可在 3 秒内回答一个问题。

深蓝、Watson、AlphaGo 和 Master 都是在一个特定领域，利用人类提供的数据或者知识，采用现有的计算机软硬件技术，超越这个领域人类的最高水平。但是深蓝的应用范围非常有限，因为它所运行的是一个非常专用的算法。在与卡斯帕罗夫的比赛之后，有人试图将它应用于选择和诊断故障中的测试点以及风险投资，但都没有获得成功。AlphaGo 采用的深度学习算法较为常用，应用领域也比深蓝的算法广泛。如果其他领域也能够像围棋一样自动判断胜负，而不通过人为判断，那么就可以大大强化算法的效果，加快算法的流程，从而使该算法可以被推向更广的应用领域。

反而 Watson 的应用领域是三个智能机器人中最为广泛的。自然语言处理、语音识别、图像识别和知识问答等技术都是实打实地用于认知研究和应用，它们在医疗健康领域已经有了很大的突破，实现了商用目的。相比之下，AlphaGo中最可以被广泛利用的是算法与计算工程的结合；而深蓝可实际应用的领域就少之又少了。从这个角度说，人类目前最先进的人工智能应用的范围实在有限，更何况是错综复杂的交易市场。人工智能更多是在承担交易过程中辅助工具的角色。

如果说人类在围棋方面被机器打败了，就认为人类继续下围棋没什么意义了。这种看法也未免过于片面。虽然专业棋手一直推崇的棋谱恰好限制了人类对围棋的思维，固化了模式。但是AlphaGo和Master的出现反而打开了人们的视野，加深或拓宽了人类对围棋的认知，人工智能很可能会帮助人类在认识围棋方面达到一个新的高度。这会更加激发那些热爱围棋的人们追求围棋真理的热情。AlphaGo和Master很好地为围棋和人工智能吸引了全世界的目光。

另外，人工智能目前还远没有发展到能解决所有问题的时候，其中一个难点就是如何将各种问题抽象化，转变成人工智能可以识别的模式。不管算法如何优秀，它都是人类编写的代码。在这种情况下，计算机很难向人类隐瞒什么。如果隐瞒也是人类引导的。当机器根据不同情况可以编写出自己的人工智能算法的时候，人类很快就会变成被蒙蔽的对象了。

12.3　人为交易的不可替代性

电子交易平台最难模仿的就是交易谈判过程。谈判是一个综合多因素的变化过程,它包括价格、数量、时间、具体规定和注意事项。而电子交易平台中最常用的交易谈判过程是一个简化的一维谈判过程,即以价格为最高优先进行的排序和匹配。如果在谈判过程中加入更多其他优先因素,交易就变得多元化并且更加复杂。例如,在大宗交易中,交易员关注的不仅仅是价格,还有数量,假设按原有价格和原有数量卖家无法找到合适的买家,此时如果卖家稍微降低一些价格,并增大一定数量,交易也许就会很快达成——虽然卖家降低了成交价,但是卖家可以更多地完成大规模出售,节约除价格之外的其他交易成本。在大宗交易中,卖家在寻求买家时很少第一次就告知其真正的交易数额,只有确定对方有实际意向才会透露实际交易数额。这种反复不断的谈判过程在口头交易中可以很快地完成,但是电子交易所很难将这种多元化的交易谈判自动化。交易员只能通过系统将大交易单分割成许多小单逐一完成,这增加了交易时间,也增加价格风险和流动性风险。

可见,人工交易在大宗交易的过程中,特别是在有一定交易规模的讨价还价中优势还是很明显的。大宗交易中的各方交易员都不愿意最先披露自己的真实交易规模,除非交易对手非常明确地表示了交易意愿。在价格最先达成一致的情况下,双方会慢慢提高交易规模直到一方满意为止。在达到最佳交易规模之前,来来回回的口头交流方式肯定是最有效的,而且是最直接最值得信任的。

不少金融研究机构已经开始着手研究这种多因素交易谈判在电子交易市场实现自动化的可能,这也是下一代电子交易所的特点之一。实现电子谈判自动化的难点在于:交易一般都有时间限制,不可能长时间地拖延下去;在时间压力下,交易谈判需要技巧、容易出错,并且是一个很模糊的概念，很难用数理模型来表示；电子系统有潜力去实现这一交易情景，但是在一个具有说服力的人工智能系统问世之前，很多实际应用问题很难有所突破。

口头交易员可以在交易之前了解到交易对手的相关信息。如果你想避免被有效交易员或其他获利交易员占到便宜，你就必须在交易达成之前识别出这些交易员。当有效交易员出现的时候意味着价格已经远离市场价格。当你面对他们时，说明你需要重新考虑你的交易了。口头交易员凭借在交易大厅中的经验和信息交换可以避免与有效交易员成为对手，而坐在屏幕后的交易员永远不知道交易对手的真实身份。

一个典型的例子就是当你遇到了胃口很大的交易对手时，他在交易的另一端不停地买进或卖出，如果你在最先与其交易的几个人中，那这多半意味着你已经在阶梯定价过程中输了（阶梯定价在前面的章节中有所介绍）。交易员都试图避开大规模交易的交易对手，因为该交易员很可能有你没有的信息和数据，比你更了解这只证券的真实价格，他们很可能就是有效交易员。买方交易员在将交易单交给经纪商的时候，后者都要询问前者真实的交易额。在交易大厅的口头交易员就可以直接询问对方还会不会更多地买入或卖出同一证券，对方可以否认。如果在该交易完成之后交易对手又带来更多的交易单，那么意味着他的可信度在交易大厅里非常低，在很长的一段时间内都不会有人与其主动交易。因此在交易大厅里的信息更为真实和可靠，这是使用电子交易平台的交易员无法获得的。

口头交易员还有一种特别的优势就是凭借对交易大厅中每个交易员的了解——他们背后的投资者、感兴趣的证券和所拥有的证券，他们可以主动发起一桩交易。就像我在《金融交易与市场》中介绍大宗交易员时所提到的，口头交易员可以找到潜在的交易对手。这些交易员平时并没有意愿主动卖出或买入某种证券，只有当这些交易对手提供了合适的数量和价格的时候，他们才意识到这也许是一个很合适的交易机会。显而易见，这些交易机会大部分在交易大厅里才会产生。

闪电崩盘事件对电子交易系统起到了负面作用。先进的信息技术带来了新的交易模式，新的交易模式催生了新的交易产品和获利机会，在监管机构还没有来得及研究和补充新的监管机制时，突发事件和不可控的市场波动肯定会让市场参与者恐慌和不知所措。闪电崩盘事件就催生了一系列针对电子高频交易的监管条例和市场应急措施。

12.4 电子交易平台的优势

首先，电子交易平台提供了便利性。交易员可以坐在电脑屏幕后面，轻松地使用鼠标、键盘、电话、数据分析系统和信息收集系统。这种便利性使交易员可以在交易所之外的任何地方进行交易。

其次，电子交易平台具有可扩展性。交易员短时间内的记忆能力是有限的，而计算机存储能力在理论上则是无限的。例如，交易员在竞购同一证券时，在交易大厅里，买家只能记住几个主要的最佳报价和相应的交易员。当人数增多时，交易员自身就无法记清报价和优先顺序，口头交易的固有流程很可能因无法容纳如此多的参与者而被破坏了。电子交易平台就不会出现这样的问题，相反，它还鼓励更多的投资者参与进来以增加流动性。特别是价格波动非常大的金融产品和市场，例如期货和期权，强大的交易系统可以紧紧地跟踪市场价格的变化并且捕捉住稍纵即逝的机会。

再次，电子交易平台的可视化界面增加了交易完成的速度。在交易大厅中，交易员在大声地喊出买入价、卖出价以吸引其他交易员的注意，并用肢体语言接受报价以最快的速度完成交易；而电子交易平台的界面可以做得非常友好，直接将对交易员最有利或者交易员最感兴趣的价格显示在最醒目的位置。凭借视图、键盘和鼠标，电脑屏幕后的交易员也可以迅速地完成交易。除此之外，交易单的提交、交易前数据处理、交易后交易记录的生成，交易报告的生成和结算交割都可以在计算机强大的计算能力下快速完成。

此外，电子交易所也找到了一些方式解决大宗交易。虽然这些方法还是没有口头交易有效，但至少为交易员提供了大宗交易的另一种平台。比如说在交易平台上提供交易双方互动的聊天工具，交易员在提交交易单的同时，用短信的方式互动；还有一些大宗交易平台干脆就不显示交易规模，只显示交易单的限价。交易系统会自己显示交易完成时的最终规模，从而保护了交易规模较大的一方。

口头交易员在快速完成交易之后，面对的是烦琐且容易出错的手工填单，这个流程增加证券交割的时间和人为操作风险。无纸化的电子交易系统将所有操作风险降到最低，并且不断地降低所需的运营时间。直至20世纪七八十年代，人们还是用类似于$\frac{1}{8}$的倍数来报价，其中一个很简单的原因就是人们熟悉这种换算。而当十进制小数点报价出现的时候，电子报价系统准确和快速的优势很快地就显示出来了。电子交易系统还可以扩展交易时间，在日常的交易时间结束之后，交易员可以在电子交易平台上继续完成交易。这无疑给交易的全球化带来了便利，全球各时区的投资者通过网络来完成另外一个时区的交易。电子交易平台为许多全球主要交易市场带来了额外的流动性。

电子交易系统的所有这些优点都给交易所提供了一个更透明、更有效、流动性更好的市场。

12.5 成本比较

人工交易与电子平台交易的成本比较也是交易员选择交易方式时的考虑因素之一。由于交易的机制和流程不同，两种交易方式的成本结构也不尽相同。

电子交易系统的初期投资是巨大的。许多系统可以完成从市场报价、提交交易单到最后交割指令完成的所有步骤。这样一个完全自动化的电子交易平台是非常昂贵的。交易系统所处的数据网络和其他网络大部分不是公开的，因此如果交易员想加入到其中，也要额外付一笔服务费。如果想加入到所有网络中，这些累加起来的费用也是非常高的。一旦系统和网络设置完成，运营操作成本将变得非常低——主要来自网络通信费用、设备和数据维护费用。

可靠性和准确性较高是电子交易平台的特点之一。当人们将交易流程中的每一个环节自动化时，可靠性自然是交易员考虑使用交易系统的首要因素。试想如果交易系统时不时地宕机，网络总是断断续续或出现延迟，那么交易员很快就会对系统失望并且失去耐心。因此，电子交易系统设计者肯定把可靠性看作重中之重。在信息通信技术飞速发展的今天，确保可靠性无非是从两方面入手——足够的后备硬件系统和可以应对各种突发事件的软件系统。这些技术细节包括后备的硬件系统和额外的网络连接，选择不同制造商的硬件和不同网络运营商的连接，意外断电供电系统，可实现精细控制的操作系统和调试系统，具有实时数据备份的数据库软件，电子交易平台运营前充分的能力测试和突发事件测试等。

网络安全和系统安全也是电子交易系统的主要标准之一。加密的硬件系统和网络通信可以保证交易员绝对信任电子交易平台的保密性。这些功能还包括对系统用户真实性的确认，数据加密传输与保存，系统应付黑客袭击的能力和快速纠错能力。如果黑客轻而易举地就能盗取交易数据，这不只是对一个系统的灾难而是对整个金融市场的致命打击。

速度是保证交易顺利完成的最起码的因素之一。从市场报价、集合市场信息，到为交易单提供最佳网络路径，完成交易匹配，再到产生交易报告并送至交易双方，速度提供了赢取交易利润的机会。在大笔交易中，因为延迟或者是总比交易对手晚一步，机会成本所造成的损失往往远大于对系统的投资。

口头交易的成本大部分来源于不动产成本和人力成本。购买或租赁交易大厅的房产的，建立和开发可与电子交易系统对接的录入系统、信息显示系统和通信系统都是一笔不小的开支。就像我们前面讨论的那样，口头交易员在获取信息和交易谈判的过程中优势明显，但是剩余的交易步骤大部分可以倚仗于电子交易系统。最为昂贵的是在交易大厅中工作的各种人员：交易员、销售交易员、做市商、经纪商、交易助理、运营工作人员、监管者、维护人员。人力在这种需要特殊技能的场所自然会变得更加昂贵。

12.6 人工智能在金融界的应用

人工智能中的重要技术——人工神经网络——从 20 世纪 80 年代初期出现之后，便迅速地普及起来。科学家们试图模拟生物神经网路制造出更适应人类智能的软件程序——它们可以归纳和提取数据中复杂的数学模型。在数学家们看来，它们是一般非线性函数模拟器。如果训练集和模型都准确无误，这些程序就可以模拟出人们观察到的输入/输出关系。这不只简化了诠释人类思维逻辑的方法，或者模拟出产生一系列输入/输出信息的规则，更提供了可以完善基本面分析的全新思路，因为大部分输入可以换成基本面分析中的量化参数。

另外，当人工神经网络是一个真正的非线性统计模型时，其精确性和预测能力便可以通过数学和经济两方面数据来测试和训练。在许多的研究中，用来产生交易信号的神经网络大幅地优化了多头策略（Buy and Hold Strategies），以及传统的线性技术分析方法。因为此类人工智能技术包含着复杂的数学公式，这使得用于金融分析的神经网络大多都还停留在学术界里。但最近几年，已经有越来越多使用起来比较简单方便的神经网络软件开始出现。

《麻省理工科技评论》（*MIT Technology Review*）在 2017 年 2 月刊登的一篇文章指出：高盛用机器人取代近 600 位交易员的工作，只留下 2 名交易员和 200 名计算机工程师来维护机器人程序。显而易见，这一举措将大大降低交易成本——华尔街交易员平均年薪在 50 万美元左右，而投行薪酬支出的 75% 都支付给了交易员。但是这篇文章并没有具体说明被取代的工作到底是什么。据高盛的代理首席财务官介绍："自动交易软件担负起了大部分交易工作,但是这600名交易员并没有被裁掉,而是另有他用。"既然这600名交易员没有被裁掉而留作他用,肯定还是有很多交易工作是机器无法取代的。

另外,这位高盛的高管还透露高盛正集中精力实现投行工作的自动化。他们将IPO的过程细分为146个步骤,其中很多步骤可以自动化完成。在投行的执行端,很多流程的事务确实可以通过机器来完成。

同样是来自高盛的一份研究报告指出,人工智能在金融界主要有以下几个应用案例和潜在机会:在上市公司发布财务数据、年报和公告之前识别交易机会和执行交易;在大数据的概念下,整合包装卫星云图,用于经济市场预测(如石油天然气的库存、船运航线情况、城市交通情况以及零售分布情况等);识别信用风险并自动设限、分类,关闭可能出现违规操作的账户;利用大数据技术监控电子邮件。由此可见,人工智能帮助人们解决了很多需要耗时耗力的数据挖掘的工作,起到了一个帮手或副手的作用,但目前还并不能主导工作的进程。

摩根大通也尝试着将机器学习应用到各项业务中去。摩根大通2016年在金融服务科技改造上的花费高达95亿美元。他们首先在投行工作中通过机器学习提供预测性推荐:通过财务现状、市场行情和历史数据的大数据分析,识别出最适合发行新股的客户。而且在时机成熟的时候,摩根大通也想在债券领域有所尝试。从被取代业务的性质来看,估计华尔街可能更多地考虑从降低成本上入手,而并非是像棋类中的人机大战那样制造噱头。摩根大通设计的金融合同解析软件Coin上线半年后,软件只需几秒就将原先36万个小时的律师工作轻松完成——我们都知道律师是按小时收费的。而且在保证正确率的同时,计算机可以全年无休。

第十二章
交易中的人与机器

律师事务所也开始启用机器人帮忙。具有相当收入规模的美国律师事务所 Baker & Hostetler 向 IBM 购买了机器人 Ross。在经过了一年又十个月的学习后，Ross 能理解人提出的问题，根据参考文献和例证推测结论，借助于超级的存储能力和计算能力，它可以从数千条结果中筛选出相关程度最高的案例。效率之高、速度之快是人类无法企及的。另外，会计师事务所的合同阅读和文件阅读工作更能体现出机器的优越性。会计、审计和税务等工作都可能成为人工智能的用武之地。

成功的交易员能够在市场上占有一席之地，必须要具备超强的综合分析能力，再加上各种专业辅助工具的出现，综合其数据统计能力、资讯分析能力和经验，才能使其优势得以持续。人工智能很可能从以下两个方面出手各个击破，以取代交易员。

首先，对于执行交易和数据分析等辅助工作，计算机现在已经超过了人类，或者说已经成为人类的得力助手。人工智能将很快把这部分工作自动化而完全取代人工——计算和存储功能永远是机器的强项。

其次，在交易的综合分析能力上，人工智能也已有所体现。随着智能投顾的不断演进，机器与交易员之间将呈现出显著的收益不平等现象，并且这种不平等会不断加剧。那些利用信息不对称而盈利的交易员因此会被碾压。

以目前的应用和人工智能技术来看，尽管机器的优势在某些方面相当明显，但是充分肯定"机器将完全取代交易员"的命题还为时尚早。假以时日，当人工智能在计算工程、算法和海量数据的处理上不断突破时，当人工智能能够对人类复杂的思维过程进行综合分析时，当它能够完成类似于人类情感的自我升级时，电脑最终超越人脑的那一刻，被取代的肯定就不仅仅是交易员了。我们对这一临界点的到来拭目以待。

本章总结

不谈人工智能，只讨论人工交易与电子无纸化交易孰优孰劣，人们就会争辩不休。但是如果每个交易模式能够很好地保持自己的优势并且相互融合起来，可能会更好地为交易所和交易市场服务。就像当今规模最大的股票交易所和期货交易所的运作模式那样，口头交易员和依赖于电子交易平台的交易员各取所需。根据不同的交易情况，交易员可以选择更多的交易形式，这对市场的流动性来说未必不是一件好事。

至于人工智能完全取代交易员这个场景，我觉得在相当长的一段时间内很难出现。目前，只会是人工智能取代一部分交易员的工作而已。每个行业都有周期，人工智能的发展也有周期。记得上一次人工智能发展的周期高点应该在20世纪七八十年代，当时的日本对这个概念很执迷。不同的是，现在这个周期热点在中国。但是一旦人工智能在算法和硬件方面有了划时代的突破，它与人类争夺的领域肯定就不只是金融市场了，生存环境的争夺可能更值得我们思考。

在我撰写本书的时候，人工智能与人类又展开了德州扑克大赛，据说美国玩家已经输得一塌糊涂而中国队正摩拳擦掌。中国牌手在完成第一轮时只落后人工智能大概1万分左右，第二轮输了5万多分，而第三轮落后12万分。第一轮的结果其实是不相上下，但是第二轮之后差距拉大，第三轮后优劣差距进一步拉开，水平明显不在一个档次上。机器显示出了强大的快速调整能力和持续的学习能力，它在第一轮之后会根据对手的特点和所有可能性选择最优解，调整策略参数，补强弱点。但是人类就没有这么快的调整能力，因此成绩差距越来越大。与AlphaGo不同的是，这次机器人的设计是从德州扑克规则和博弈论理论出发的，没有任何人为经验输入。在对手每一次下注时，机器人都能找出最优解，不断优化自己的策略。

不管这次德州扑克人工智能的设计应用前景如何，我们至少多了一种可以衡量各位扑克玩家水平的方法。

好书推荐

基本信息

书名：《金融交易与市场——交易员、
　　　市场结构和监管规则》
作者：高寒
定价：79.00 元
书号：978-7-115-49164-0
出版社：人民邮电出版社
出版日期：2018 年 9 月

内容简介

　　金融市场对于很多人来说就像是一个财富的黑箱，都有谁在市场中交易？他们都有什么目的？钱向何处去？利润又从哪里来？这些关于市场本质的问题，是每一个希望进入金融市场或刚刚身处其中的人都应该认真思考的。

　　本书作者总结自己在高盛（卖方）、中投（买方）和香港交易所（中介）的工作经历，逐一介绍了实效交易员、无效交易员等在金融市场中一线操盘的角色，以具有代表性的操作案例讲解了他们做单及交易的原则、方法和目的，使读者可以身临其境地感受到真实的金融市场是如何运转的。

　　本书以大量的现实交易场景和来自内部人士的客观分析，为初入金融市场的从业者和金融专业的学生提供了理论书籍中很少介绍的实操内容。

本书赞誉

　　高寒博士的这本书，从金融市场最为常见的交易谈起，阐述了金融市场中交易赖以生存的三块基石——现代金融体制、货币和信用机制。作者在海内外交易领域丰富的工作经历使其非常了解交易员这个专业人群，作者在书中运用了大量的交易案例和市场标志性事件，并根据交易目的和市场作用将交易参与者分成了三大类二十多种交易员，使读者可以更深入地了解交易运行的不同环节，以及进行交易的交易员这个群体，从而深化对整个金融市场的理解。

——巴曙松，教授、中国银行业协会首席经济学家、
国家"十三五"发展规划专家委员会委员